本书获西安财经大学学术著作出版资助

乡村振兴背景下
农村公共产品供给对农民收入的空间溢出效应研究

Research on the Spatial Spillover Effect of
Rural Public Goods Supply on Farmers' Income
Under the Background of Rural Revitalization

张雪绸 ◆ 著

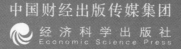

中国财经出版传媒集团

经济科学出版社

Economic Science Press

图书在版编目（CIP）数据

乡村振兴背景下农村公共产品供给对农民收入的空间
溢出效应研究／张雪绸著 . —— 北京：经济科学出版社，
2022. 7
ISBN 978 - 7 - 5218 - 3779 - 7

Ⅰ.①乡…　Ⅱ.①张…　Ⅲ.①农村 - 公共物品 - 供给
制 - 影响 - 农民收入 - 收入增长 - 研究 - 中国　Ⅳ.
①F323. 8

中国版本图书馆 CIP 数据核字（2022）第 110015 号

责任编辑：朱明静
责任校对：齐　杰
责任印制：王世伟

乡村振兴背景下农村公共产品供给对农民收入的空间溢出效应研究

张雪绸　著

经济科学出版社出版、发行　新华书店经销
社址：北京市海淀区阜成路甲 28 号　邮编：100142
总编部电话：010 - 88191217　发行部电话：010 - 88191522
网址：www. esp. com. cn
电子邮箱：esp@ esp. com. cn
天猫网店：经济科学出版社旗舰店
网址：http：//jjkxcbs. tmall. com
北京季蜂印刷有限公司印装
710 × 1000　16 开　12. 25 印张　230000 字
2022 年 9 月第 1 版　2022 年 9 月第 1 次印刷
ISBN 978 - 7 - 5218 - 3779 - 7　定价：68. 00 元
（图书出现印装问题，本社负责调换。电话：010 - 88191510）
（版权所有　侵权必究　打击盗版　举报热线：010 - 88191661
QQ：2242791300　营销中心电话：010 - 88191537
电子邮箱：dbts@ esp. com. cn）

前　　言

　　党的十九大报告中首次提出了实施乡村振兴战略，报告中明确指出农业农村农民问题是关系国计民生的根本性问题，必须始终把解决好"三农"问题作为全党工作重中之重。2019年中央发布的一号文件《中共中央　国务院关于坚持农业农村优先发展做好"三农"工作的若干意见》指出，"三农"领域有不少必须完成的硬任务，要扎实推进乡村建设，加快补齐农村人居环境和公共服务短板，要发展壮大乡村产业，拓宽农民增收渠道。① 在党中央对"三农"问题的高度重视下，我国农村地区发展建设迎来了前所未有的历史机遇，农村公共产品供给长期不足的现状也不断得到改善，与此同时，农村公共产品供给在促进城乡共同发展、解决"三农"问题中的重要作用也日益凸显。而农民问题是解决"三农"问题的关键，农民问题在本质上是农民收入的增长问题。那么，如何有效地促进农民收入增长也就成为乡村振兴最核心的任务。然而，农民收入增长的快慢在很大程度上受到农村基础设施、医疗、义务教育等农村公共产品供给的影响。因此，增加农村公共产品有效

---

　　① 《中共中央　国务院关于坚持农业农村优先发展做好"三农"工作的若干意见》［EB/OL］. 中国共产党网，https：//www. 12371. cn/2019/02/20/ARTI1550618833139563. shtml，2019 – 02 – 20.

供给不仅可以为农民增加收入创造有利的条件，促进农业农民的现代化进程，而且也为乡村振兴奠定了良好的基础。在乡村振兴重大战略部署下，如何有效提供农村公共产品供给不仅对于破解农民收入增长问题显得尤为重要，而且也关系到全面小康和乡村振兴的实现。在此情况下，我们研究农村公共产品供给对农民收入的影响具有十分重要的现实意义。

本书选取农村公共产品和农民收入为研究对象，首先从全国总体角度研究农村公共产品供给对农民收入增长的影响及其溢出效应；然后进一步分析东部、中部、西部、东北地区农村公共产品供给对各区域农民收入增长的影响，探究进一步提高农民收入、增加农村公共产品有效供给的路径及对策建议。

本书基本内容从以下三个部分展开。

第一部分，乡村振兴战略理论与农村公共产品供给理论。党的十九大提出了乡村振兴战略，乡村振兴战略的实施就是要达到让农民群众"住上好房子、过上好日子、养成好习惯、形成好风气"的目的，最终在广大农村地区实现"业兴、家富、人和、村美"。要想实现党的十九大报告中所言的"产业兴旺、生态宜居、治理有效、乡风文明、生活富裕"的乡村振兴总要求，就要提升人民群众的生活质量，满足人民群众日益增长的对美好生活的需求，就需要对公共产品的供给作出调整和改善。本部分首先对乡村振兴战略理论进行阐述。主要介绍乡村振兴战略理论提出的时代背景、主要内容以及乡村振兴战略提出的重要意义。其次对农村公共产品理论进行概述。在对公共产品、农村公共产品的内涵及其特征进行阐述的基础上，进一步介绍了公共产品供给模式及其相关理论。此部分将为后文的农村公共产品供给对农民收入的空间溢出研究提供理论基础。

第二部分，农民收入与农村公共产品供给。在分析农村公共产品供给影响农民收入增长作用机理的基础上，进一步分析我国农民收入的现状，探讨我国农民收入存在的问题及影响我国农民收入的主要因素。另外，选取具有代表性的农村基础设施、农村义务教育、农村医疗卫生、农村社会保障四类公共产品来分析我国农村公共产品供给现状，并研究我国农村公共产品供给存在哪些问题。此部分为后文农村公共产品供给对农民收入水平及收入结构的空间溢出效应的实证研究提供实证依据。

第三部分，农村公共产品供给对农民收入的空间溢出效应的实证研究以及对策建议。该部分在介绍空间计量模型理论的基础上，对选取的数据、指标及研究所采用的模型进行简要的说明及介绍，然后利用 2010～2019 年全国 31 个省（区、市）的面板数据对模型进行测算，分析不同类型农村公共产品供给对农民收入水平及收入结构的空间溢出效应，通过分析实证部分的研究结果，得出相应的研究结论。针对前面现状及实证研究的结论，提出增加农村公共产品有效供给，促进农民收入增加的相应对策建议。

中国特色社会主义进入新时代，我国社会主要矛盾已经转化为人民日益增长的美好生活需要和不平衡不充分发展之间的矛盾，其中"三农"问题已成为制约我国人民日益增长的美好生活需要的主要因素，而农民收入问题是解决"三农"问题的关键。如何实现农民增收，国内外学者分别从不同的角度进行了大量的研究，并且也取得了巨大的成就。国外学者大多基于农业生产自身特点对影响农民收入的因素进行分析。在此基础上，国内学者对此也进行了广泛而深入的研究，他们主要从理论和实证角度来研究农村公共产品供给对农民收入的影响，研究体系日趋完善，理论性研究成果较多，大多学者采用时间序列、关联分析等回归模型从全国角度探讨农村公共产品总体供给如何对农民收入产生影响。由于中国面积广大，不同区域的自然条件和社会环境存在着较大的差异，因此，从全国的角度来研究农村公共产品的供给在很大程度上并不能完全真实反映某一具体区域的实际情况。少数学者采用面板数据的空间计量模型对某一类型农村公共产品供给对农民收入影响的空间溢出效应进行了研究，但目前全面、整体性的农村公共产品供给对农民收入影响的空间溢出效应方面的研究较为缺乏。

本书在研究农村公共产品供给对农民收入影响时，突破了传统的回归模型研究方法，运用计量经济学的理论，构建空间计量模型，从总体与局部的角度进行分析。本书可能的创新之处主要有以下两个方面。

第一，在研究内容上，目前研究中关于农村公共产品供给对农民收入增长空间溢出效应的研究较为少见。因此在本书中引入了空间计量经济学理论，分析农村公共产品供给对农村收入增长的空间溢出效应，同时本书将农村公共产品划分为农村基础设施、农村义务教育、农村医疗卫生及农村社会保障四种类型，分别研究每种类型公共产品对农民收入水平及收入结构的空间溢出效应，这将为研究农村公共产品供给对拉动农民收入增长的贡献奠定一定的理论基础，使整个研究脉络更加清晰和完整。

第二，在研究方法上，本书借助 Arcgis、Stata 16.0 以及 Geoda 等软件，充分考虑了变量选取、地理情况，综合运用了全局、局部莫兰指数、LM、Wald、LR、豪斯曼检验等空间计量模型，从农村基础设施、农村义务教育、农村医疗卫生、农村社会保障的角度，分别研究这四类公共产品供给对农民收入增长的贡献率，然后根据贡献率的大小来确定这四类公共产品供给的排序，提出创新农村公共产品供给的基本思路和途径。这在研究方法上弥补了现有研究中采用普通回归模型的不足。

解决农村公共产品供给现存问题、补齐农村民生短板是解决"三农"问题的前提，是乡村振兴战略的核心内容。本书运用空间计量经济学、公共产品供给等相关理论，采用全局与局部莫兰指数、空间计量模型分析我国农村公共产品供给与农民收入增长的关系，并以此为依据来判定其空间溢出效应。再运用 Stata 16.0 通过一系列检验选取适合我国东部、中部、西部及东北地区面板数据的空间计量模型，根据所得结果进行后续效应分解并得出结论。本书通过研究农村公共产品供给对农民收入水平及收入结构的溢出效应，结合现阶段我国农村公共产品供给的实际情况，分别从提高农村公共产品供给水平、供给质量等方面提出政策建议，具有较强的实用性，可以为政府制定政策提供理论参考依据，对促进农民收入增长、优化农村公共产品供给具有重大的现实意义。

本书出版得到西安财经大学及西安财经大学经济学院西部能源经济与区域发展协同创新研究中心的资助，对此深表感谢！

目　　录

第一章

乡村振兴战略与农村公共产品供给理论的概述

第一节 乡村振兴战略理论

当前，中国特色社会主义进入了新时代，基于我国国情以及城乡关系的变化，党的十九大报告中提出了乡村振兴战略，这对于化解新时代"三农"问题以及全面建成小康社会、实现中华民族伟大复兴具有重要推动意义。

一、乡村振兴战略提出的时代背景

（一）新时代城乡发展不平衡

党的十八大以来，我国在经济、科技、生态等方面都取得了重大进步。2021 年经济规模突破 110 万亿元，达到 114.4 万亿元，是世界第二大经济体，[①] 在科技创新、生态环境治理等方面取得了较大的成效。然而，由于我国长期形成的城乡二元经济结构，国家普遍采取城市优先发展的政策，导致城乡发展差距不断拉大，城乡发展不平衡现象较为突出。

---

① 国家统计局 . 2021 年国民经济和社会发展统计公报［EB/OL］. http：//www.stats.gov.cn/tjsj/zxfb/202202/t20220227_1827960.

1. 城乡居民收入水平存在较大差距

改革开放以来，我国城乡居民收入水平不断提升，但二者之间的差距也在逐步扩大。由表1-1可以看出，1978~2020年，经过42年的发展，城镇居民人均可支配收入从343.4元增至43834元，年均增长12.24%，农民人均可支配收入从133.6元增至17131.5元，年均增长12.25%，略高于城镇居民人均可支配收入增长速度。由于城乡居民收入水平存在差异，尽管他们年平均增长率基本相同，但经过多年的累积，城乡居民收入绝对差距由1978年的209.8元扩大到2020年的26703元，城乡居民收入比保持在1.82~3.33，自2007年以来，城乡居民收入比逐年下降，但2020年仍然是2.56，即2020年城镇居民收入是农民收入的2.56倍。近年来，党和政府对于"三农"及城乡发展差距问题特别关注，采取了中央财政加大对农业农村的支持力度，取消农业税和农业特产税，以及免除农村义务育阶段学杂费等一系列政策措施，这些政策措施的实施，对于缩小城乡差距起到了积极的推动作用，城乡居民收入比从2009年开始呈现下降状态，但现实情况是城乡居民收入绝对差距仍然在不断加大，城乡居民收入差距形势依然严峻。

表1-1   **1978~2020年城乡居民收入**

年份	城镇居民人均可支配收入（元）	农村居民人均可支配收入（元）	城乡居民收入绝对差距（元）	城乡居民收入比值
1978	343.4	133.6	209.8	2.57
1979	405.0	160.2	244.8	2.53
1980	477.6	191.3	286.3	2.50
1981	500.4	223.4	277.0	2.24
1982	535.3	270.1	265.2	1.98
1983	564.6	309.8	254.8	1.82
1984	652.1	355.3	296.8	1.84
1985	739.1	397.6	341.5	1.86
1986	900.9	423.8	477.1	2.13

续表

年份	城镇居民人均可支配收入（元）	农村居民人均可支配收入（元）	城乡居民收入绝对差距（元）	城乡居民收入比值
1987	1002.1	462.6	539.5	2.17
1988	1180.2	544.9	635.3	2.17
1989	1373.9	601.5	772.4	2.28
1990	1510.2	686.3	823.9	2.20
1991	1700.6	708.6	992.0	2.40
1992	2026.6	784.0	1242.6	2.58
1993	2577.4	921.6	1655.8	2.80
1994	3496.2	1221.0	2275.2	2.86
1995	4283.0	1577.7	2705.3	2.71
1996	4838.9	1926.1	2912.8	2.51
1997	5160.3	2090.1	3070.2	2.47
1998	5425.1	2162.0	3263.1	2.51
1999	5854.0	2210.3	3643.7	2.65
2000	6280.0	2253.4	4026.6	2.79
2001	6859.6	2366.4	4493.2	2.90
2002	7702.8	2475.6	5227.2	3.11
2003	8472.2	2622.2	5850.0	3.23
2004	9421.6	2936.4	6485.2	3.21
2005	10493.0	3254.9	7238.1	3.22
2006	11759.5	3587.0	8172.5	3.28
2007	13785.8	4140.4	9645.4	3.33
2008	15780.8	4760.6	11020.2	3.31
2009	17174.7	5153.2	12021.5	3.33
2010	19109.4	5919.0	13190.4	3.23
2011	21809.8	6977.3	14832.5	3.13
2012	24564.7	7916.6	16648.1	3.10
2013	26467.0	9429.6	17117.4	2.81
2014	28843.9	10488.9	18355.0	2.75
2015	31194.8	11421.7	19773.1	2.93

年份	城镇居民人均 可支配收入 （元）	农村居民人均 可支配收入 （元）	城乡居民收入 绝对差距 （元）	城乡居民 收入比值
2016	33616.2	12363.4	21252.8	2.72
2017	36396.2	13432.4	22963.8	2.71
2018	39250.8	14617.0	24633.8	2.69
2019	42359.0	16020.7	26338.0	2.64
2020	43834.0	17131.5	26703.0	2.56

注：由于统计口径的变化，2013 年以前农村居民人均可支配收入由人均纯收入替代。

资料来源：1979 ~ 2021 年《中国统计年鉴》。

2. 城乡之间公共产品供给存在明显差异

长期以来，由于城乡公共产品供给的差异，导致城乡在教育文化、医疗卫生、基础设施、就业保障等方面的发展不平衡。一是从基础设施和公共服务来看，城市的基础设施和公共服务明显高于农村。尽管国家对该问题十分关注，并不断加大农村基础设施及公共服务的投资力度，但由于起步较晚、投入资金不足、融资渠道不畅等原因，农村基础设施和公共服务仍然比较薄弱，无法满足农村产业升级、农民生活质量提升的需求。二是从城乡的社会保障来看，也存在着明显的差距。城镇居民社会保障涵盖五种保险类型，但农村居民仅涵盖基本的医疗和养老保险，且在保障力度上也存在明显差异。仅养老保险便可"管中窥豹，始见一斑"，微薄的养老补贴对于大多数没有退休金的农民来说，对晚年基本生活的保障作用是微乎其微的。三是从城乡教育来看，城市教育的资金投入、师资力量以及基础设施建设都优于农村。在义务教育阶段，大多数农村的硬件设施简单且陈旧落后，师资力量较为匮乏，特别是偏远落后的农村，教育资源匮乏更为突出。四是从医疗资源分布上来看，城市的医疗资源质量远远高于乡村。城市分布着众多的医疗机构并且集中着全国高端的医疗设备和高精尖的医疗团队和人才。相比之下，农村地区的医疗机构不仅数量少而且质量差，且设备多简单老化，医疗人才能力有限，更甚在一些比较落后的农村连医生和卫生室等最基本的医疗条件也难以保障。因此"看病难"的现象在农村地区屡见不鲜。[①] 表1-2的数据显示，2020年城乡居民人均消费支出分别为27007.4元、13713.4元，城乡居民人均消费支出差额为13294.0元，城镇居民人均消费支出是农村居民的1.97倍，其中城乡居民吃、穿、住、用、行基本生活开支支出分别为21597.3元、10762.7元，城镇居民基本生活开支是农村居民的2.01倍。在教育医疗和其他支出上，城镇居民人均为5410.1元，农村居民人均为2950.6元，城镇居民是农村居民的1.83倍。

表1-2　　　　　　　　**2020年我国城乡居民人均消费支出**　　　　　单位：元

指标	农村居民人均消费支出	城镇居民人均消费支出	城乡居民人均消费支出差额
消费总支出	13713.4	27007.4	13294.0
食品烟酒	4479.4	7880.5	3401.1
衣着	712.8	1644.8	932.0
居住	2962.4	6957.7	3995.3
生活用品及服务	767.5	1640.0	872.5
交通通信	1840.6	3474.3	1633.7
教育文化娱乐	1308.7	2591.7	1283.0
医疗保健	1417.5	2172.2	7547.0
其他用品及服务	224.4	646.2	421.8

资料来源：2021年《中国统计年鉴》。

（二）新时代社会主要矛盾的变化

党的十九大报告指出，中国特色社会主义进入新时代，我国社会主要矛盾已经转化为人民日益增长的美好生活需要和不平衡不充分的发展之间的矛盾。[②] 我国稳定解决了十几亿人的温饱问题，总体上实现小康，不久将全面建成小康社会，人民美好生活需要日益广泛，不仅对物质文化生活提出了更

---

① 轩静．马克思主义城乡关系理论视域下乡村振兴战略研究［D］．兰州：西北民族大学，2020.

② 习近平．决胜全面建成小康社会　夺取新时代中国特色社会主义伟大胜利——在中国共产党第十九次全国代表大会上的报告［M］．北京：人民出版社，2017.

高要求，而且在民主、法治、公平、正义、安全、环境等方面的要求日益增长。同时，我国社会生产力水平总体上显著提高，社会生产能力在很多方面进入世界前列，更加突出的问题是发展不平衡不充分，这已经成为满足人民日益增长的美好生活需要的主要制约因素。其中城乡发展不平衡，农业、农村、农民发展的不充分是社会主要矛盾的具体表现。自中华人民共和国成立以来，党和政府对于我国农业农村农民问题的关注不断加强，农业生产取得长足发展，农民收入不断增长，农民精神与物质生活也不断丰富，总体上实现了小康。但由于我国是农业大国，农业强不强、农村美不美、农民富不富，关乎亿万农民的获得感、幸福感、安全感，关乎全面建成小康社会全局，同时也关乎能否实现社会主义现代化强国目标。目前，农村仍是城乡经济体系的薄弱环节，农民仍是平衡发展的弱势群体，农业、农村、农民发展不平衡不充分问题仍然突出，[①] 这已成为制约人民日益增长的美好生活需要的主要因素。因此，实施乡村振兴战略正是解决"人民日益增长的美好生活需要和不平衡不充分的发展之间的矛盾"的必然要求。

（三）"三农"问题日益突出

农业、农村、农民问题是关系国计民生的根本性问题，农业是关系国计民生的基础性战略性产业，在国民经济中占有十分重要的地位和作用。在全面建成小康社会的征程上，作为最基础的产业、最广阔的区域、最多数的群体，农业不能拖后腿、农村不能掉队、农民不能缺席。[②] 目前，我国"三农"问题仍然比较突出，这使得我国"三农"问题持续是国家、社会与民众关注的重点与焦点。

1. 农业问题

我国是一个农业大国，农业发展取得了巨大成就，也实现了以世界7%的耕地养活了世界22%的人口的目标。在农业发展取得了巨大成就的同时，

---

① 盛开. 以城乡融合发展推动乡村振兴战略 [J]. 调研世界，2018（6）：62 - 65.
② 刘成奎. 推进农业农村发展要坚持"四个优先"[J]. 中国果业信息，2019（5）：4.

其发展过程中的问题逐渐凸显出来。一是农村劳动力减少。由于城市化进程的加快，许多农村青年劳动力转向城市寻找就业，导致从事农业的劳动力减少，部分乡村土地出现无人种植的尴尬局面。二是农业整体利润水平较低。长期以来，我国农业一直属于低端基础产业，一方面，生产机械化水平不高，高质量耕地少，产业结构失衡，自然灾害频发；另一方面，农业生产资料尤其是种子、化肥、农药等价格不断上涨，而农产品价格一直较低，农业生产成本增加，导致农业所得利润水平较低。三是农业环境污染问题严重。农业的快速发展，除了为经济建设提供充足的原材料，还能为广大人民群众的生活提供粮食供给，为国家以及人民群众的生活提供重要保证。但是，在农业发展的过程中，由于过度追求经济效益，农户大量使用地膜、农药及化肥，导致农业环境污染问题比较严重，这不仅影响农作物的健康生长，最终将影响农业的持续稳定发展。

2. 农村问题

随着我国对"三农"重视程度的日趋提升，我国的农村经济取得了一定的成绩，但在我国农村经济发展的过程中依旧存在着一些问题，其主要表现为五个方面。一是农村的基础设施不健全。目前农村的水、电、煤、通信等基础设施依然不够完善。遇上大型节假日或者资源紧张时，会优先供应城市地区；遇上恶劣气候条件，农村依然会出现停水停电的情况；有些农村地区的自来水管道铺设比较简陋，如遇冬季低温天气，水管破裂，供水出现问题；现在有些偏远农村地区的通信信号依然较差，与外界沟通不便；农村整体的文化素质提升速度较慢，可利用的文化资源也较少，很少有村级单位设置公用图书馆。① 二是农村人口结构失衡。近年来，随着"空心化"问题不断的突出，农村的空巢老人和空巢儿童问题大大增加。随着城镇化进程的加快，大量农村青年劳动力涌向城市，农村常住人口数量急剧下降，农村人口结构失衡现象日益突出。三是农村产业结构不合理。从农村产业结构来看，我国农村第一产业面临的主要问题是生产效率低下，特别是贫困地区仍然沿

---

① 熊艳梅."三农"问题与民生经济分析［J］.营销界，2021（5）：101 - 102.

用传统的落后生产方式。农村第二产业生产技术水平不高，农村第三产业发展滞后。总体而言，就是现代农村工业体系还没有发展起来。① 四是农民就医难、上学难、养老难等已成为摆在农村的突出问题。五是农村环境污染问题严重。农村环境污染包括生活垃圾污染、工生产排放污染以及农业污染，这些农村环境污染问题对人类健康和农业农村可持续发展都存在较大的负面影响，也与现在所提倡的绿色发展理念相违背。

3. 农民问题

2021 年 5 月 11 日，国家统计局公布第七次全国人口普查数据，全国人口共 141178 万人，其中城镇人口为 90199 万人，占 63.89%；居住在乡村的人口为 50979 万人，占 36.11%。② 农民收入水平关系到整个国民经济能否持续、快速、健康地发展。自 1978 年以来，我国实施了一系列惠农政策，农民收入持续快速增长。1978 年农民人均年纯收入为 133.6 元，2020 年增加到 17131 元，1978 年农民家庭的恩格尔系数为 66.7%，2020 年下降到 32.7%。近年来，伴随着我国经济增长速度趋缓，"三农"问题中的农民问题表现尤为突出。一是农民人均可支配收入的增长速度呈现持续下降趋势，其中农民工资性收入和经营净收入呈现同步放缓的趋势。农民工资性收入增长速度从 2011 年的 15.2% 下降到 2020 年的 5.93%，家庭经营净收入增长速度从 2013 年的 8.3% 下滑到 2020 年的 5.47%。③ 二是农民的科学文化素质低。我国农民普遍教育程度低，尽管我国农村已经普遍实行九年义务教育，对于大部分收入低的农民家庭而言，教育费用仍然是他们面临的一个巨大问题。三是农民老龄化现象严重。农村大部分中青年外流去往大城市务工，导致农村农民老龄化现象越来越严重。根据国家统计局第三次全国农业普查结果，2016 年我国农业生产经营人员不到 40000 万人，年龄 55 岁及以上的为 10551 万人，

---

① 许慧琳，石宏伟. 浅析乡村振兴战略——探究化解三农问题的正确之策 [J]. 中国集体经济，2020（28）：3 - 4.

② 国家统计局. 第七次全国人口普查公报 [EB/OL]. http：//www. stats. gov. cn/tjsj/tjgb/rk-pcgb/qgrkpcgb/202106/t20210628_1818826. html.

③ 2021 年《中国统计年鉴》。

占 33.6%，其中 1/3 以上为中老年农民。① 现代农业科技在农业生产中的广泛应用在一定程度上受到了农民老龄化的制约。农民老龄化，意味着学习吸收新知识、科学技术的速度慢，对新产业的适应能力不强，经济增长和农业劳动生产率的提升都受到了农民老龄化现象的影响。四是农民人均可支配收入差距较大。近些年，我国经济发展总体上稳中求进，农村地区收入实现了连续增长，农村人均纯收入从 2007 年的 4140.36 元增加到 2020 年的 17131.5 元，增加了近 4.13 倍。虽然全国各省（区、市）农民人均可支配收入呈现增长态势，但不同省（区、市）间的差距依旧很大，如 2007 年各省（区、市）中甘肃省收入最低，农民人均可支配收入仅为 2328.9 元，上海市农村居民收入最高，达到 10222 元，二者相差 7893.1 元，上海市农村居民收入是甘肃省的 4.4 倍；2020 年甘肃省农村居民人均可支配收入最低（为 10344 元），上海市最高（为 34911 元），二者相差 24567 元，上海市农村居民收入是甘肃省的 3.38 倍。② 自 2007 年以来，上海市农村居民人均可支配收入一直都位居全国首位，东部省份农村居民可支配收入高于西部地区，二者之间差距大。

二、乡村振兴战略的主要内容

实施乡村振兴战略，是新时代做好"三农"工作的总抓手。乡村振兴战略包括产业兴旺、生态宜居、乡风文明、治理有效和生活富裕五个方面内容。

（一）产业兴旺是实现乡村振兴的基础

乡村的产业兴旺是农业强、农民富、农村美的坚实基础和强有力支撑。而产业兴旺最重要的内容就是发展现代农业，其重点是通过产品、技术、制度、组织和管理创新，提高良种化、机械化、科技化、信息化、标准化、制度化和组织化水平，推动农业、林业、牧业、渔业和农产品加工业转型升

---

① 国家统计局. 第三次全国农业普查 [EB/OL]. http：//www. stats. gov. cn/tjsj/tjgb/nypcgb/qgnypcgb/201712/t20171215_1563599. html.

② 2021 年《中国统计年鉴》。

级。^① 通过产业发展可以大力促进乡村生产组织能力的进一步提升，有助于乡村产业的转型升级，为其他目标的实现奠定坚实的物质基础。因此，产业兴旺是乡村实现振兴的基础，也是农村经济全面发展的核心。

（二）生态宜居是提高乡村发展的保证

乡村振兴，生态宜居是关键。要实现乡村振兴，就要改变长期以来农村依靠过度消耗农业资源的粗放经济增长模式。生态宜居包括村容整洁和村内水、电、路等基础设施的完善，要以保护自然、顺应自然、敬畏自然的生态文明理念来纠正人们用人工生态代替自然生态的错误观念等。^② 生态宜居，就是在提倡保留乡土气息、保存乡村风貌、保护乡村生态系统的基础上，大力治理乡村的环境污染，实现乡村环境的优美，让乡村居民生活在优美的环境之中，最终实现人与自然和谐共生。良好的生态环境是人们宜居的前提，是提高人们生活质量的保障，也是人民群众安居乐业的热切期盼。

（三）乡风文明是乡村建设的灵魂

乡风主要指乡村的社会风气与风俗，是人民普遍遵守和认同的一种生活习惯和生活方式。乡风文明建设是衡量乡村振兴的标准之一，是丰富和发展农村文化建设的重要举措。乡风文明建设既包括促进农村文化教育、医疗卫生等事业发展，改善农村基本公共服务；也包括大力弘扬社会主义核心价值观，传承遵规守约、尊老爱幼、邻里互助、诚实守信等乡村良好习俗，努力实现乡村传统文化与现代文明的融合；还包括充分借鉴国内外乡村文明的优秀成果，实现乡风文明与时俱进。^③ 乡风文明建设就是要继承和发扬民族文化的优良传统，摒弃传统文化中的消极落后因素，形成积极、健康、向上的文化内涵、社会风气和精神面貌。乡风文明建设是乡村振兴的关键，是乡村振兴的核心和灵魂，是实施乡村振兴战略的"铸魂"之举。

---

① 袁绍光．新时代中国共产党农业发展的战略思想研究［D］．武汉：华中师范大学，2019．

② 于思文．习近平乡村振兴战略研究［D］．哈尔滨：哈尔滨师范大学，2019．

③ 史瑶．乡村振兴战略下农村精神文明建设面临的问题与对策研究——以 X 市 Y 村为例［J］．农村经济与科技，2020（4）：234－235.

（四）治理有效是乡村振兴的保障

治理有效，就是要加强农村的社会治理，主要包括三个方面。一是建立健全党委领导、政府负责、社会协同、公众参与、法治保障的现代乡村社会治理体制，健全自治、法治、德治相结合的乡村治理体系；二是加强农村基层基础工作，加强农村基层党组织建设，深化村民自治实践，建设平安乡村；三是进一步密切党群、干群关系，有效协调农户利益与集体利益、短期利益与长期利益，确保乡村社会充满活力、和谐有序。治理有效是乡村振兴的保障，在乡村建立健全形成现代化社会治理体系，全方位调动乡村居民参与治理的积极性，融合自治、法治与德治为一体，为其他目标的实现提供治理体系保障。

（五）生活富裕是乡村振兴的目标

乡村振兴就是要实现农民生活的繁荣与富裕，增强农民的获得感、安全感和幸福感，让全体农民越来越公平地享受改革发展的成果。生活富裕是乡村振兴的目标，小康不小康，关键看老乡，要促进农民收入较快的增长，持续降低农村居民的恩格尔系数，不断缩小城乡居民收入差距，改善农村居民的生活条件与生活环境，让广大农村居民与城镇居民一道进入全面小康社会，向着共同富裕目标稳步前进。没有实现农民的生活富裕，乡村振兴战略就会成为空谈。

三、实施乡村振兴战略的意义

乡村振兴战略是新时代我国解决"三农"问题的总战略，因此，实施乡村振兴战略意义重大，影响深远。

（一）有利于解决我国的"三农"问题

实施乡村振兴战略就是要从根本上解决我国农业不发达、农村不兴旺、农民不富裕的"三农"问题。"三农"问题历来是国家发展的关键性问题，对于国家全局的稳定起着决定性的作用。以习近平同志为核心的新一届党中央领导集体为了避免农村建设进入新误区，对我国之前农村建设进行了深刻的剖析，吸取了之前新农村建设过程中的经验与教训，提出了乡村振兴战略。① 实施乡村振兴战略，就是要通过牢固树立创新、协调、绿色、开放、共享的发展理念，达到生产、生活、生态的协调，促进农业、加工业、现代服务业的融合发展，真正实现农业发展、农村变样、农民受惠，最终建成"看得见山、望得见水、记得住乡愁"、留得住人的美丽乡村，实现农业强、农村美、农民富的新目标。② 因此，乡村振兴战略的实施有利于"三农"问题的解决。

（二）有利于化解新时代社会主要矛盾

中国特色社会主义进入新时代，社会的主要矛盾已经发生变化，由原来"人民日益增长的物质文化需要同落后的社会生产之间的矛盾"转变为"人民日益增长的美好生活需要和不平衡不充分发展之间的矛盾"。当前，我国农村主要表现为发展不充分，城乡主要表现为发展不平衡。经过40多年的发展，我国城乡差距逐步缩小，但城乡之间发展不平衡的矛盾依然存在。党中央在社会主要矛盾转化的背景下提出了乡村振兴战略。乡村振兴战略的实施就是要更加注重民需导向，更好地把握好人民的需求，使乡村振兴政策与民众需求相匹配，使城乡发展的二元结构性矛盾得到有效化解，能够有效缩小我国城乡发展的差距，扭转城乡发展中存在的不平衡不充分局面，提高农民的幸福感和满足感。因此，乡村振兴战略能够满足新时代社会主要矛盾变化的需要，对于化解新时代社会主要矛盾具有重大的意义。

（三）有利于传承和弘扬优秀的乡村文化

乡风文明是乡村振兴战略的重要组成部分。经过数千年发展形成的中华优秀的传统文化是振兴乡村的精神动力，而新时代的乡风文明是从优秀的传

---

① 于思文. 习近平乡村振兴战略研究 [D]. 哈尔滨：哈尔滨师范大学, 2019.
② 范建华. 乡村振兴战略的时代意义 [J]. 行政管理改革, 2018 (2)：16–21.

统文化中提取治理的经验，优秀的传统文化中蕴含着丰富的哲学思想和道德理念等，为治国理政和道德建设提供有益启示。中国文化本质上是乡村文化，中华文化的根脉在乡村，我们常说乡土、乡景、乡情、乡音、乡邻、乡德等，构成中国的乡村文化，也使其成为中华优秀传统文化的基本内核。①乡村振兴战略也必然是在继承传统文化的基础上实现，这在一定程度上也将有利于传承和弘扬优秀的乡村文化。

（四）有利于促进社会主义现代化强国的建设

长期以来，农业发展主要为我国工业化和城镇化发展提供条件和便利，导致农业现代化、农村的现代化成为现代化发展中的短板。乡村振兴战略强调了农业农村优先发展，表明了我们党对农村工作的重视，农村不再处于从属的地位，农村的发展也不再是为了城市发展创造条件。重视农村的发展，重视农村农业的现代化，建设农业现代化是现代化强国建设中的重要组成部分，是建设社会主义现代化强国的重要力量。实施乡村振兴战略一个最主要的要求就是要实现农业农村的现代化，有利于促进建设社会主义现代化强国的建设。

第二节　农村公共产品供给理论

一、农村公共产品的内涵及其特征

（一）公共产品的内涵及其特征

公共产品是相对于私人产品而言的，私人产品就是指具有排他性和竞争性特点的产品，就是那些在普通市场上常见的水果、衣服等产品；而公共产品是指能够满足社会全体成员共同消费的产品，例如国防、公安、司法、义务教育等。与私人产品相比较，公共产品具有以下四个特点。

_____

① 于思文. 习近平乡村振兴战略研究 [D]. 哈尔滨：哈尔滨师范大学，2019.

1. 效用的不可分割性

公共产品是向整个社会所有成员提供的产品，具有整个社会所有成员共同受益与消费的特点，其效用由整个社会的所有成员来共同享用，无法将其分割归属不同的社会成员。

2. 消费的非排他性

非排他性是指某一个人或集团在使用某种公共产品时都无法排除其他不付费人对该公共产品的消费。即只要有人提供了某一公共产品，不能阻止不付费人的使用，付费的、不付费的所有人都可以消费该公共产品，都可以从该产品中受益。而私人产品具有排他性，只有通过付费购买的人才能消费该产品，其他不付费购买的人排斥在该产品的消费过程之外。

3. 消费的非竞争性

非竞争性是指某一个人或集团在使用某种公共产品时并不能妨碍其他人或集团同时享用。即某人或集团在使用公共产品时，并没有减少其他人或集团享受该公共产品的数量。由于私人产品具有竞争性，某消费者已经使用了某个产品（如某件衣物），其他消费者就不能再同时使用该商品。

4. 提供目的的非营利性

提供公共产品是为了追求社会福利的最大化，而不是以营利为目的。

（二）农村公共产品的内涵及其特征

农村公共产品是相对于农民私人产品而言，是指广泛分布于农村地区满足农村社会成员共同消费和使用的产品。作为公共产品重要组成部分的农村公共产品，除具有公共产品上述四个特征之外，还具有以下两个特殊的特征。

1. 农村公共产品的多样性、层次性和分散性

我国广大农村地区各地的农民收入水平差距较大，经济增长速度存在较大差异，这就决定了对于同种类型的农村公共产品，不同地区农民的需求是不同的，而且由于城镇化进程的加快，大大促进了农民自主选择职业的机会，加速了农民的流动性，农民对于公共产品的需求也就因从事工种的不同而不同。因此，农村公共产品呈现出多样性、层次性和分散性的特点。

2. 农村公共产品的基础性

农村公共产品的基础性主要体现在农民私人产品对农村公共产品具有较强的依赖性。改革开放以来，我国农民生产私人产品的组织形式是以户为单位，这种分散性的组织形式，决定了农民生产私人产品对农村公共产品具有强烈的依赖性。[①] 农村经济市场化程度越高，这种依赖性就越强，水利、电网改造、交通设施等农业生产的外部条件的好坏，直接影响到农业生产的丰歉和农民的利益，进而影响农业经济的发展。我国农业仍是一项弱势产业，面临巨大的自然风险以及市场风险，而农民是难以抵抗这些自然风险以及市场风险的弱势群体。因此，只有加大农村公共产品的有效供给，才能够满足农民生产私人产品的需求。

二、农村公共产品的供给模式

（一）政府供给

农村公共产品的政府供给是指政府以公平为目的，以税收和公共收费为主要筹资手段，运用权力利用公共资源供给农村公共产品，以满足广大农民群众的需求。农村公共产品之所以私人部门不愿意提供，而需要政府部门来提供，是因为以下两个原因。一是农村公共产品的非竞争性意味着任何一个消费者消费单位农村公共产品的机会成本为零，即任何一个消费者都不需要为他所消费的农村公共产品去与其他任何人去竞争，所以，他就会少支付或

---

① 朱惠军. 改革农村公共产品供给体制的思考［D］. 上海：上海师范大学，2004.

者不支付来换取消费农村公共产品的权利，而作为私人部门，其从事生产活动是为了获取最大的利润，由于消费者支付的价格往往不足以弥补农村公共产品的生产成本，所以私人部门不愿提供。二是农村公共产品的非排他性意味着不支付成本的消费者可以同样消费农村公共产品，"免费搭车"的问题仍然存在，使得农村公共产品的市场供求关系无法真实反映，导致价格机制对农村公共产品的配置无效或低效。这表明市场存在着失灵现象，无法达到农村公共产品的最优供给数量，为了弥补市场的不足，需要政府来向广大农村地区提供公共产品。

（二）市场供给

农村公共产品的市场供给是营利组织或个人根据市场的需求，以营利为目的，运用收费方式来补偿农村公共产品供给成本的供给方式。为了提高农村公共产品供给的质量与效率，要打破政府的垄断地位，建立公私机构之间的竞争。私人部门在提供农村公共产品时，可以通过收费等形式获取一定的经济收益来达到补偿其投资和运营成本的目的，例如农村电力、通信、自来水、文化娱乐设施、医疗卫生、职业教育等都可以由私人部门来提供。由此可见，对于农村诸多准公共产品而言，由市场来提供是必要而且是可行的。当然，从总体上看，这种市场供给模式应在政府的监管下进行。[①]

（三）自愿供给

农村公共产品的自愿供给是指公民个人或单位以自愿为基础，以社会捐赠或公益彩票等形式无偿或部分无偿地筹集资金，直接或间接地用于农村公共产品的提供。这种自愿供给又可细分为两种。一是志愿性供给，这种供给的精髓在于以自愿贡献的方式供给公共产品，即以志愿求公益；其本质是出于帮助他人的愿望，具有明显的慈善性质。常采用无偿捐赠、志愿服务等方式来供给产品和服务，其供给范围也十分广泛，涉及教育、医疗、社会救助

---

① 亚里士多德. 政治学［M］. 北京：商务印书馆，1996，第 4 页。

等。这些志愿供给在一定程度上满足了农村居民不同的需求，改善了农村公共产品的供给状况。二是自主性供给，这种供给以成员的自愿契约和相互信任为基础，以维护成员的共同利益为目的，从而结成互益组织，以便通过自我安排、自我供应、自我生产的方式来供给公共产品。从本质上说，自主性供给是一部分人员为实现共同需要而进行的一次集体选择。例如，农村社区居民自己组建治安巡逻队，以维护本村治安等。这种自主性供给在一定程度上有效弥补了政府和市场所供给的农村公共产品的不足。①

（四）混合供给

由于市场失灵等的存在，就需要在市场、政府等主体间建立起一种相互支持与补充的高度合作关系，以便达到对社会公共事务共同治理的善治状态。其实质在于建立市场原则、公共利益和认同之上的合作。其权力向度是多元的、相互的，而不是自上而下的单一形式。通过政府、市场与公民社会三者之间的良好合作，向广大农村地区提供优质的公共产品，满足广大农民群众公共产品的需求。例如，在提供农村道路、垃圾处理、水利工程等农村公共产品时可以采取签约外包、特许经营、政府补贴等多种形式进行合作。这种混合合作的供给模式，通过向受益人收费和政府补贴得以补偿其成本。可以说，我国在农村公共产品供给方面总体呈现出以政府供给为主导的多元化混合供给模式。

三、农村公共产品供给对农民收入影响的理论基础

（一）公共产品理论

1. 林达尔均衡模型

林达尔均衡是1919年瑞典经济学家林达尔提出的，该理论是最早研究公共产品理论的成果之一。林达尔均衡是指个人对公共产品供给水平以及它

---

① 庾冲. 新农村建设中的农村公共产品供给体制研究［D］. 郑州：郑州大学，2007.

们之间的成本分配进行讨价还价，并实现讨价还价的均衡。在私人产品市场上，私人产品市场均衡价格是由其市场供需共同决定的。林达尔建立了一个类似于私人产品均衡价格决定的公共产品均衡价格决定模型，称其为林达尔均衡。在林达尔的均衡中，所有消费者消费的公共产品数量相同，而每一个消费者面临不同价格，总成本在所有消费者之间进行分摊。每个消费者尽可能对公共产品进行真实评价，准确地描述公共产品需求与价格的关系，这样才能使每个消费者愿意支付的价格之总和等于公共产品供给的总成本。由于每一个消费者消费公共产品时获得的满意程度（即边际效用）不同，每个消费者愿意支付公共产品的价格就存在高低较大的差异。

一般而言，消费者对公共产品评价越高，其愿意对公共产品支付的价格就越高，反之相反。全社会每一个消费者愿意支付的价格加总就得到一定数量公共产品愿意支付的价格。

在图 1-1 中，D_A、D_B 线分别代表消费者 A 及消费者 B 的公共产品需求曲线，横轴代表公共产品的供给量，纵轴代表 A、B 两消费者支付的价格。公共产品市场需求曲线 DD 就是由消费者 A、消费者 B 的需求曲线垂直相加而得到的，即 $DD = D_A + D_B$。DD 公共产品市场需求曲线在 G 点出现了拐折，这是因为当公共产品供给量大于 Q_1 时，消费者 A 需求为零，其原意支付的价格为零，这时只有消费者 B 需求大于零，原意支付价格。当供给量大于 Q_1 时，就有 $DD = D_B$。假定公共产品供给曲线为 SS 曲线（即边际成本曲线），则公共产品需求曲线 DD 与供给曲线 SS 相交于 H 点，公共产品的均衡价格为 P_0，均衡产量为 Q_2。公共产品均衡价格 P_0 就是消费者 A、消费者 B 为 Q_2 单位公共品所支付的价格的之和，即 $P_1 + P_2 = P_0$。其中 P_1 为消费者 A 支付的价格，P_2 为消费者 B 支付的价格。消费者 A、消费者 B 愿意支付公共产品的价格分别等于其消费该产品所获得的边际效用，消费者 A、消费者 B 愿意支付公共产品的价格之和等于其边际效用的之和，即社会边际收益。在图 1-1 中 H 点，社会边际成本等于社会边际收益，实现了帕累托最优。林达尔均衡从理论上论证了公共产品、私人产品在市场均衡条件方面存在的差异，这对于信息商品市场均衡问题的研究提供了理论依据。

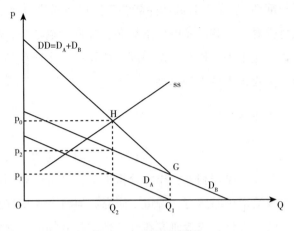

图 1－1　林达尔模型

资料来源：笔者根据洪名勇编著的《制度经济学》（洪名勇．制度经济学［M］．太原：山西经济出版社，2012．）中的"产权制度与经济组织行为"章节图形绘制。

2. 萨缪尔森的公共产品理论

美国著名经济学家萨缪尔森分别于 1954 年、1955 年发表的论文《公共支出的纯粹理论》和《公共支出理论的图式探讨》中提出并部分解决了公共产品所需资源的最佳配置以及如何定义集体消费产品等公共产品理论的一些核心问题。他在《公共支出的纯理论》一文中对公共产品定义为：每个人消费这种产品或劳务不会导致别人对该种产品或劳务的减少。公共产品具有消费上的非竞争性和非排他性的两大特征。1969 年，萨缪尔森对林达尔均衡理论提出了批判，他指出："因为每个人都有将其真正边际支付愿望予以支付的共同契机，所以林达尔均衡产生的公共产品供给均衡水平将会远低于最优供给水平。"由于公共产品具有非排他性，消费者都不想付费而享受公共产品，成为免费的"搭便车者"，最终将会导致公共产品供给的无效。

在萨缪尔森对公共产品的概念作出经典解释后，许多学者也相继对其进行完善，19 世纪 80 年代公共产品理论得以形成，公共经济学的核心理论也由此确立。根据公共产品的特征，又可以将其划分为纯公共产品及准公共产品两大类。同时具有非排他性、非竞争性两特征的产品称为其纯公共产品，只具有非排他性或非竞争性的产品称为其准公共产品，而准公共产品往往会产生很大的正外部性。① 鉴于公共产品能够产生正外部性的特点，农村道路、农田水利、农村教育等公共产品的供给势必会降低运输成本，提高农业生产水平和农民科技文化水平，这在一定程度上能够减少生产生活成本，增加产出，进而使得农民收入水平得到提高。

（二）公共选择理论

公共选择理论是一门介于经济学和政治学之间的新的交叉学科。它以微观经济学的基本假设、原理和方法作为分析工具，来研究和刻画政治市场上的主体的行为和政治市场的运行，着重于研究如何将个人偏好进行加总以实现社会福利函数的最大化，或者研究在外部性、公共物品、规模经济出现的场景中如何实现合理、有效的资源配置。1938 年伯格森撰写的《福利经济学可能前景的重述》成为该理论萌芽的标志，13 年后阿罗编写的著作又进一步推动了该理论的发展。而最后该理论获得较高的学术地位是得益于由布坎南和戈登·塔洛克合著的《同意的计算——立宪民主的逻辑基础》提出的方法论。作为公共选择理论的根本所在——方法论，具体来说主要有以下三个方面：一是个人主义，即最终决定权从始至终都在个体手中；二是经济人假设，市场上的每个人都具有经济人特征，即人都是理性的，总是以自身利益最大化为目标；三是交易政治。

由于信息不对称、逆向选择及道德风险等问题的存在，农村公共产品在供给水平和供给结构方面存在某些问题，具体表现为在某类产品供给总量不足时，另外一些产品供给出现过剩的状况，导致供给效率的低下，也不利于农民收入水平的提高以及生活质量的改善。政府相关部门需要进一步完善农民需求表达机制以保证全面准确了解农民的需求，进而作出更加精准有效的农村公共产品供给决策。

（三）公共财政理论

公共财政理论是由于市场失灵而被提出的。公共产品是公共财政理论的

---

① 正外部性指的是某一经济主体的活动除了让自己受益外还会给其他人带来收益，而其他受益者不必为此支付成本。

研究对象，公共产品论是其核心理论。由于公共产品具有非排他性和非竞争性的特性以及存在"搭便车"现象，仅仅依靠市场供给难以满足人们对该公共产品的需求。即在公共产品供给方面出现了市场失灵，政府可以代替市场通过采取财政手段合理配置公共资源。公共财政①的主要经济职能就是政府通过提供市场所需的公共产品，维持市场的有效运转，保持市场经济的稳定。

公共财政理论为增加农村公共产品的有效供给、促进农民增收提供有力的保障。不断加大和完善农村基础设施的建设，不但可以促进农作物产量的提高，而且能够提高农作物的抗病能力，降低其受旱灾的风险，降低其运输成本等，从根本上为农民收入的增加提供保障。加大农村医疗卫生设施的投入，能够提升农村医疗卫生服务水平，促进农民健康水平的提升，为农民收入增加创造有利条件。因此，借助公共财政支出手段，加大农村公共产品的投入，促进农村公共产品供给的有效增加，为实现农民收入增长创造有利的外部条件，从而也就直接促进了农民收入的增加。

---

① 公共财政是指国家（或政府）为市场提供公共产品和服务的分配活动或经济行为。

第二章

农村公共产品供给对农民收入的影响

第一节　农村公共产品供给对农民收入影响的理论分析

本书所研究的农村公共产品主要分为农村基础设施、农村义务教育、农村医疗卫生及农村社会保障四大类，其有效供给可以促进农业生产效率的提高及农业生产成本的降低，从而促进农民收入的增长。

一、增加农村公共产品供给有利于降低农业生产成本

目前，我国农业相对比较落后，农业还是弱质产业，农业生产组织形式以分散劳动为主，这种生产组织形式决定了农业、农村、农民对农村公共产品有强烈依赖性，而这种依赖性会随着农村经济市场化程度的提高而不断加大，特别是农业发展强烈依赖于政府提供的交通运输、水利排灌设施、电网改造等农村基础设施公共产品，这直接影响农业生产以及农民收入水平。改革开放以来，国家加大了农田水利建设、农村道路、农村供电设施等农村基础设施建设投入，农村基础设施得到了极大改善，但与城市比较而言，农村

基础设施发展速度较慢，城乡供给水平差距仍然较大。农村交通运输设施落后，造成特色农产品不能及时运输出去而无法实现其价值。水利排灌设施不完善，导致农业抗灾能力差，只能靠天吃饭。因此，增加农村基础设施有效供给，为农业生产创造良好有利的外部条件，有利于降低生产、运输等方面的农业生产总成本，提高农村私人生产活动效率，促进农民收入的增加。

二、增加农村公共产品供给有利于降低农业面临的风险

农业是国民经济的基础，在整个国民经济中占据极其重要的基础地位，而农业是一个受自然条件影响较大的产业。在农业生产过程中，市场、自然以及技术等各种风险随时都可能遇到，而自然风险对农业影响尤为重大。一旦遇到自然灾害，农业生产将会遭受巨大损失。政府加大农村公共产品特别是提高水利设施及提高病虫害防治和预测、预报系统等供给水平，可以提高农业抵抗自然灾害的能力，提高农业生产稳定系数。随着市场经济不断完善，农产品价格基本上由市场供求关系自发调节，农业的市场风险完全显现出来。在全球经济一体化背景下，我国农业受到国内、国际两大市场风险的冲击，进一步加大了市场的不确定性风险。因此，加快农村信息化建设、完善市场体系，使农民不仅可以及时准确把握市场信息，减轻受纯粹市场力量作用而引起的价格波动性，而且可以降低农产品的市场风险，有利于农业生产的稳定，促进农民收入的增加。

三、增加农村公共产品供给有利于提高农民素质

党的十九大报告中提出了"产业兴旺、生态宜居、乡风文明、治理有效、生活富裕"的乡村振兴战略总要求。乡村振兴的主体是农民，乡村振兴使命需要有知识、有能力、有理想的新型农民来担当，提升农民整体素质也就成为乡村振兴关键。目前，我国农民文化素质普遍偏低，严重制约着农民收入增长。政府加大农村教育、技术培训、农村文化站建设等农村公共产品供给，为农民接受教育、参加各种培训、丰富的文化生活提供了有力保证，

能够促进农民陈旧落后观念的转变，有利于农民的文化、道德等素质的提高，农民素质提高是农民收入增长的有效途径。农村医疗卫生公共产品的投入，能够使农民自身身体素质得到提高，劳动时间得到延长，从而可以增加农民收入。

第二节　农村公共产品供给对农民收入
影响的作用机制分析

从经济学的角度来分析农村公共产品供给对农民收入的影响，主要从收入效应、替代效应、乘数理论进行展开。

一、收入效应、替代效应的含义及图形表示

在消费者收入和其他商品价格不变的条件下，一种商品价格的变动会对消费者的需求量产生影响，这种影响称为价格变动的总效应。总效应可分解为替代效应和收入效应。

（一）收入效应

在消费者收入和其他商品价格不变的条件下，由于一种商品价格变动引起消费者实际收入变动，从而导致消费者在保持价格不变的条件下对商品需求量作出的调整，称为收入效应。在图 2－1 中，假定某消费者收入水平及商品 X 的价格 Px 不变，预算线为 AB_1，消费者的均衡点 E_1，消费者购买商品 Y 的数量为 Y_1。当商品 Y 的价格 Py 下降，预算线由 AB_1 移动到 AB_2，消费者均衡点为 E_2，消费者购买商品 Y 的数量为 Y_2。随着商品 Y 价格的下降，消费者均衡点由 E_1 点移动到了 E_2，购买商品 Y 的数量由 Y_1 增加 Y_2，增加量为 Y_1Y_2，Y_1Y_2 为总效应。FH 为补偿性预算线，平行于预算线 AB_2，其目的是消除替代效应。消费者均衡点由 E_3 到 E_2，购买商品 Y 的数量由 Y_3 增加 Y_2，增加量为 Y_3Y_2，Y_3Y_2 为收入效应。

（二）替代效应

在消费者收入和其他商品价格不变的条件下，由于一种商品价格变动引起商品相对价格的变动，在维持原有效用水平不变的情况下，由商品的相对价格变动引起商品需求量的变动，称为替代效应。在图 2 – 1 中，假定某消费者收入水平及商品 X 的价格 Px 不变，商品 Y 的价格 Py 下降，消费者均衡点由 E_1 移动到 E_3，均衡点 E_1 及 E_3 均位于 U_1 的无差异曲线上，表明其效应水平不变，购买商品 Y 的数量之所以由 Y_1 增加到 Y_3，是因为商品 Y 比商品 X 变得便宜，理性的消费者增加商品 Y 的消费，增加量为 $Y_1 Y_3$，$Y_1 Y_3$ 为替代效应。

总效应的计算如公式（2.1）所示：

$$总效应(E_1 \rightarrow E_2) = 替代效应(E_1 \rightarrow E_3) + 收入效应(E_3 \rightarrow E_2) \quad (2.1)$$

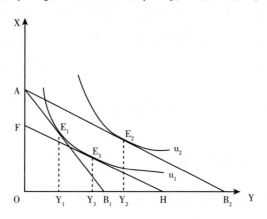

图 2 – 1 替代效应与收入效应

资料来源：笔者根据高鸿业主编的《西方经济学》（高鸿业. 西方经济学［M］. 北京：中国人民大学出版社，2015.）（微观部分）中的"消费者选择"章节图形绘制。

二、乘数理论

（一）乘数的含义

1931 年英国经济学家卡恩提出乘数概念，后来凯恩斯在宏观经济学中广泛运用，也成为宏观经济分析的重要工具。

乘数又称为倍数，指由于连锁反应，某一变量的变化引起另一相关变量成倍的变化，即用因变量的改变量与自变量增量的比率来表示。乘数理论在凯恩斯宏观经济学中占有十分重要的地位，也成为现代经济分析的重要工具。按照影响因素的不同，乘数可以划分投资乘数、税收乘数、政府购买支出乘数、转移支付乘数、外贸乘数等。在宏观经济学中，凯恩斯认为，经济萧条是由社会有效需求不足造成的，社会总需求是由居民消费需求、私人投资需求、政府购买需求、国外需求四部分构成的。在三部门经济中，在居民消费需求不足时，可以通过增加投资来提高社会总需求；在居民消费需求、私人投资需求不足时，可以通过增加政府购买需求尤其是政府公共工程投资需求来提高社会总需求，带动经济的增长。在这里以投资或政府购买支出为例对乘数理论进行加以说明。

投资乘数是关于投资变化和国民收入变化关系的系数。投资乘数是指投资增加时引起国民收入增加的倍数。即投资乘数实际上就是表示当投资增加1单位会引起国民收入增加几单位的系数。用公式（2.2）表示：

$$k_i = \frac{\Delta Y}{\Delta I} = \frac{1}{1 - \beta} \tag{2.2}$$

（二）投资乘数的推导过程

假定消费函数 C = 1000 + 0.8y，边际消费倾向为 0.8，当投资增加 100 亿美元，则投资的增加使得国民收入的增加量为：

$\Delta Y = \Delta I / (1 - \beta) = 100 / (1 - 0.8) = 500$（亿美元）（如图 2 - 2 所示）

投资乘数 $k_i = 1 / (1 - \beta) = 1 / (1 - 0.8) = 5$，即增加 1 单位的投资支出可增加 5 单位的国民收入。

为什么社会投资增加会引起国民收入成倍增加？这是经济部门相互影响的结果。假定当投资增加 100 亿美元时，引起国民收入增加的变化过程为：

第一轮国民收入增加：$\Delta Y_1 = \Delta I = 100$（亿美元）

第二轮国民收入增加：$\Delta Y_2 = \Delta Y_1 \times 0.8 = 100 \times 0.8 = 80$（亿美元）

第三轮国民收入增加：$\Delta Y_3 = \Delta Y_2 \times 0.8 = 100 \times 0.8^2 = 64$（亿美元）

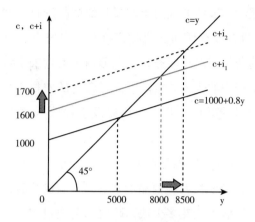

图 2 - 2　投资乘数效应

资料来源：笔者根据高鸿业主编的《西方经济学》（高鸿业．西方经济学［M］．北京：中国人民大学出版社，2015．）（宏观部分）中的"国民收入决定"章节图形绘制。

……

第 $n+1$ 轮国民收入增加：$\Delta Y_n = \Delta Y_{n-1} \times 0.8 = 100 \times 0.8^n$（亿美元）

经济运行将会无限进行下去，把上面每一轮增加的国民收入进行相加，就是国民收入的增加量。

即：$100 + 80 + 64 + \cdots + 100 \times 0.8^n$

$$= 100 + 100 \times 0.8 + 100 \times 0.8^2 + \cdots + 100 \times 0.8^n$$

$$= \frac{100}{1 - 0.8}$$

$$= 500（亿美元）$$

由此可见，当投资增加 100 亿美元时，最终引起国民收入增加 500 亿美元。即边际消费倾向为 0.8 时，增加 1 单位的投资支出可增加 5 单位的国民收入，乘数的大小取决于边际消费倾向值的大小。

三、农村公共产品供给的收入效应和替代效应

农村公共产品供给对农民收入会产生收入效应和替代效应。以政府的农村医疗保障为例，当政府对农民看病进行补贴时，农民看病的支出就会随之

减少，他们就会把看病节约的钱用于购买其他产品进行消费，这就产生了替代效应。[①] 当药品价格没有任何变化时，政府对农民看病进行补贴时，农民可以购买到更多的药品或医疗服务，这无形当中就增加了农民收入，这就是农村公共产品供给产生的收入效应。下面以政府的农村医疗补贴为例，对农村公共产品供给的替代效应、收入效应以及农民收入三者之间的关系进行分析。

在图 2-3 中，横轴、纵轴分别为 X、Y，分别代表农民看病次数（或农民医疗费用支出）以及农民其他商品消费支出。假设政府为农民承担50%的看病成本，即农民看病无论花多少钱，政府都会通过农村医疗保障机构对于农民看病费用给予 50% 的折扣或报销。两条曲线 U_1 和 U_2 分别是农民消费的无差异曲线，预算约束线 FN 为补偿性预算约束线，预算约束线 AB 为农民无医疗补贴时的预算约束线，预算约束线 AC 为农民有医疗补贴时的预算约束线。预算约束线 AB 及 AC 在纵轴都交于 A 点，在横轴分别相交于 B 点及 C 点。为什么预算约束线 AB 及 AC 在纵轴都交于同一个 A 点？这是因为政府对农民看病支出给予价格补贴，相当于药品或医疗服务价格的下降，只会对农民看病次数（或农民医疗费用支出）有影响；而对其他商品而言，其价格并没有任何的变化，当农民把全部收入都用来购买其他商品时，购买量始终保持不变，并不会因为政府提供了医疗补贴而增加。当农民看病政府承担50%的医疗支出费用时，相同的医疗支出费用现在能购得更多的医疗服务或药品，这无形当中就增加了农民收入，这就是农村医疗补贴所产生的收入效应。当政府承担 50% 的医疗支出费用时，药品或医疗服务的价格相对于其他商品价格而言变得越来越便宜，农民就会用便宜的药品或医疗服务来替代贵的其他商品，这就是农村医疗补贴所产生的替代效应。当无农村医疗补贴时，农民效应最大化的均衡点为 E_1 点，农民看病的次数（或医疗费用支出）为 X_1。当得到政府医保补助之后，农民效应最大化的均衡点为 E_2 点，农民看病的次数（或医疗费用支出）为 X_2，均衡点 E_1 到 E_2 增加的农民看病的次

---

① 鄢奋. 农村公共产品供给对农民收入影响分析——以福建省为例 [J]. 东南学术，2010 (3)：37-43.

数（或医疗费用支出）为农村医疗补贴的总效应（即 $X_2 - X_1$），其中均衡点 E_1 到 E_3 增加的农民看病的次数（或医疗费用支出）为农村医疗补贴的替代效应（即 $X_3 - X_1$），均衡点 E_3 到 E_2 增加的农民看病的次数或医疗费用支出为农村医疗补贴的收入效应（即 $X_2 - X_3$）。当政府给予农民医疗补贴之后，农民效应最大化的均衡点就由 E_1 点提高到 E_2 点，即农民看病的次数（或医疗费用支出）就由 X_1 增加到 X_2，农民看病次数有了大幅度的增加。农民的无差异曲线由原来的 U_1 提高到 U_2，从而使其总效用得到提升。实行农村医疗保障补贴，在使总效用得到提高的过程中，农民看病的次数（或医疗费用支出）的增量远大于农民其他消费品的增量，这意味着由替代效应引起的资源配置扭曲，导致农民过度消费。例如，农村医保实施以后，农民看病扎堆现象明显增加，陕西神木市全民免费医保实施之后，医院更是人满为患。如果政府能将农村医保直接以现金方式逐期转发给农民，那就可以避免替代效应产生的低效率，进而避免产生无谓损失。[1]

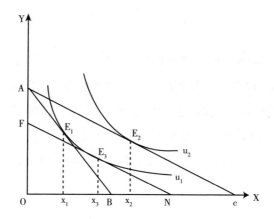

图 2 – 3　农村公共产品供给的替代效应与收入效应

资料来源：笔者根据高鸿业主编的《西方经济学》（高鸿业. 西方经济学［M］. 北京：中国人民大学出版社，2015.）（宏观部分）中的"国民收入决定"章节图形绘制。

① 鄢奋. 农村公共产品供给对农民收入影响分析——以福建省为例［J］. 东南学术，2010（3）：37 – 43.

四、农村公共产品供给的乘数理论

乘数理论是由英国经济学家凯恩斯提出的，说明投资、政府购买支出、政府转移支出、税收与国民收入之间存在倍数关系的理论，是宏观经济学的主要理论之一。农村公共产品供给是政府支出的主要内容，农村公共产品供给对农民收入的影响完全可以运用乘数理论来加以说明。凯恩斯认为，在经济萧条时期，一国国民收入（Y）水平的高低完全取决于社会的总需求。在三部门经济中，社会总需求（AD）是由居民的消费需求（C）、厂商的投资需求（I）及政府购买需求（G）三部分构成，即 $AD = C + I + G$。凯恩斯的消费函数为：$C = a + bY_d$，其中可支配收入 Y_d 等于总收入 Y 减去总税额 T，即 $Y_d = Y - T$，把消费函数 $C = a + bY_d$ 代入国民收入均衡计算公式 $Y = C + I + G$ 中，进一步变形整理得到均衡国民收入计算公式（2.3）：

$$Y = \frac{a - bT + I + G}{1 - b} \tag{2.3}$$

从式（2.3）中可以得到"乘数"，所谓"乘数"，是指每个单位外生变量变化所带来的国民收入 Y 增加的倍数，如政府购买支出的变化导致国民收入的变化。假定边际消费倾向 $b = 0.5$，那么计算出的政府购买支出乘数为 2，即意味着政府购买支出增加 1 单位将会引起国民收入增加 2 单位，即政府增加农村公共产品的支出，将会引发农民收入的成倍增加。

| 第三章 |

我国农民的收入

第一节　增加农民收入的重要意义

党的十九届五中全会审议通过的《中共中央关于制定国民经济和社会发展第十四个五年规划和二〇三五年远景目标的建议》指出，发展县域经济，推动农村一二三产业融合发展，丰富乡村经济业态，拓展农民增收空间。①这表明党和政府对于农民增收问题十分重视，农民收入的增加对于全面推进乡村振兴以及整个经济社会发展都具有重大而深远的意义。

一、增加农民收入是扩大内需拉动经济增长的新动力

当今世界正经历百年未有之大变局，我国正处于实现中华民族伟大复兴的关键时期，面临着前所未有的机遇和挑战。构建新发展格局是与时俱进提升我国经济发展水平、塑造国际经济合作和竞争新优势的战略抉择。② 为了拉动经济增长，就需要培育完整的国内需求体系，扩大国内需求，带动我国

---

① 中共中央关于制定国民经济和社会发展第十四个五年规划和二〇三五年远景目标的建议 [EB/OL]. 中华人民共和国中央人民政府网，http：//www. gov. cn/zhengce/2020 – 11/03/content _ 5556991. htm，2020 – 11 – 03.

② 陈宗海. 世界处于百年未有之大变局的丰富内涵 [J]. 人民论坛，2021（2）：54 – 56.

经济长期持续稳定健康的发展。在需求拉动经济发展的格局中，乡村消费已成为最大的经济增长动力。农村居民消费需求是国内需求的重要组成部分。我国农村市场广阔，购买潜力巨大，培育和扩大农村居民需求能够促进国内需求的提升，带动经济的增长。2020 年末，我国总人口 141212 万人，其中乡村人口 50992 万人，乡村人口占总人口比重为 36.11%，近四成的农村人口消费需求在国内需求占有十分重要的地位。从全年全国居民人均消费支出看，2020 年城镇居民人均消费支出 27007 元，比上年下降 3.8%；农村居民人均消费支出 13713 元，比上年增长 2.9%。① 农民收入的持续增长有力促进了农村消费。从社会消费品零售总额看，2020 年社会消费品零售总额391980.6 亿元。按经营地分，2020 年城镇消费品零售额为 339119 亿元，同比下降 4%；乡村消费品零售额为 52862 亿元，同比下降 3.2%。2020 年 12月城镇消费品零售额 34706 亿元，同比增长 4.4%；乡村消费品零售额为5860 亿元，同比增长 5.9%。② 乡村消费总额虽然相比城镇消费还有较大差距，但其增速连续 8 年超过城镇消费。根据国家统计局数据，2020 年全国网上零售额达 11.76 万亿元，同比增长 10.9%，其中，全国农村网络零售额达1.79 万亿元，同比增长 8.9%，③ 带动百万以上贫困农民收入的大幅增加。农村电商迅猛发展，县镇市场、农村市场成为重要的经济增长点。农民收入是农村市场扩大的基础，农民收入相对较低，制约乡村消费，影响国内大循环。只有农村居民收入增加了，他们的消费能力才能增加，才能充分挖掘农村内需潜力，为实施扩大内需战略提供新动力。

二、增加农民收入能够不断满足农民对美好生活的新期待

党的十九届五中全会审议通过的《中共中央关于制定国民经济和社会发

---

① 2021 年《中国统计年鉴》。

② 国家统计局 . 2020 年中华人民共和国国民经济和社会发展统计公报［EB/OL］. http：//www. gov. cn/xinwen/2021 – 02/28/content_5589283. htm.

③ 国家统计局 . 2020 年我国经济发展新动能指数持续快速增长［EB/OL］. https：//finance.sina. com. cn/roll/2021 – 07 – 26/doc – ikqcfnca9107405. shtml.

展第十四个五年规划和二〇三五年远景目标的建议》指出，增进民生福祉，不断实现人民对美好生活的向往。[①] "十四五"时期是我国全面建成小康社会、实现第一个百年奋斗目标之后，乘势而上开启全面建设社会主义现代化国家新征程、向第二个百年奋斗目标进军的第一个五年。目前，我国社会生产力水平极大提高和社会供给能力显著增强，广大农村居民的基本需求逐步得到有效满足，"需求侧"升级为"人民日益增长的美好生活需要"[②]。农村居民对美好生活的需要从注重量的满足转向质的追求，从实物消费为主转向更多服务消费，从模仿性消费转向个性化、多样化消费。只有不断提高农村居民的收入水平，才能满足农村居民对优质商品、优质教育、舒适居住条件、高水平医疗卫生服务、优美的环境、丰富精神文化生活的需要，提升农村居民的公平感、获得感、幸福感、安全感，满足农村居民对美好生活的新期待。

三、增加农民收入是解决好发展不平衡不充分问题的关键

习近平同志在党的十九大报告中指出，中国特色社会主义进入新时代，我国社会主要矛盾已经转化为人民日益增长的美好生活需要和不平衡不充分的发展之间的矛盾。[③] 城乡发展不平衡、乡村发展不充分仍是社会主要矛盾的主要体现。解决好发展不平衡不充分问题，重点难点在"三农"问题，"三农"问题的核心是农民收入问题。近年来，我国农业农村发展取得了十分显著的成效，但与快速发展的工业化、城镇化相比，农业农村现代化步伐还是比较滞后。当前，我国城乡基础设施以及公共服务都存在明显的差距，特别是在收入及生活环境方面，我国城乡居民差距偏大。近年来，尽管我国

---

① 中共中央关于制定国民经济和社会发展第十四个五年规划和二〇三五年远景目标的建议 [EB/OL]. 中华人民共和国中央人民政府网, http：//www. gov. cn/zhengce/2020 – 11/03/content_5556991. htm, 2020 – 11 – 03.

② 张为付. 从"世界工厂"向"全球市场"转型的经济逻辑与大国使命——论我国改革开放以来国际化战略的转变 [J]. 南京财经大学学报, 2020（1）：1 – 8.

③ 习近平. 决胜全面建成小康社会 夺取新时代中国特色社会主义伟大胜利——在中国共产党第十九次全国代表大会上的报告 [M]. 北京：人民出版社, 2017.

农民收入增速高于城市居民，但由于基数不同，城乡居民绝对收入差距仍然在不断扩大。以 2015 年和 2020 年为例，2015 年城乡居民人均可支配收入分别为 31194.8 元、11421.7 元，二者绝对收入差距为 19773.1 元，2020 年城乡居民人均可支配收入分别为 43834 元、17131.5 元，二者绝对收入差距为 26702.5 元。尽管城乡居民人均可支配收入都在增长，但二者之间的绝对收入差距由 2015 年的 19773.1 元增加到 2020 年的 26702.5 元，① 呈现不断扩大态势，这意味着农村居民收入增长的速度还不够快。农村的基础设施以及公共服务都明显落后于城市，农村地区特别是边远偏僻地区存在教育水平、医疗水平偏低等诸多方面问题。只有强化以工补农、以城带乡，加快形成工农互促、城乡互补、协调发展、共同繁荣的新型工农城乡关系，投入更多的资源和力量优先发展农业农村，增加农村居民收入，才能有效解决好发展不平衡不充分问题。

四、增加农民收入是应对国内外各种风险挑战的基础

党的十九大报告提出"要坚持农业农村优先发展"，我们党历史性地把农业农村工作摆在了党和国家的优先位置，指出要切实稳住"三农"这个基本盘，特别是需要稳住农业基本盘。应对和有效化解国内外各类风险，要提升粮食和重要农产品的供给保障能力。习近平总书记强调："越是面对风险挑战，越要稳住农业，越要确保粮食和重要副食品安全。"② 只有粮食安全稳住了，才能增强在应对各种风险挑战时的定力和底气。各部门要立足自身抓好农业生产，以国内稳产保供的确定性来应对外部环境的不确定性，才能任凭风浪起，稳坐钓鱼台。作为一个拥有 14 亿人口的大国，随着人口增长以及消费需求升级，我国粮食供求将长期处于紧平衡状态，国际粮食贸易形势不确定性不稳定性明显增加。因此，在粮食安全问题上决不能掉以轻心，要

---

① 相关年份《中国统计年鉴》。
② 习近平：越是面对风险挑战，越要稳住农业［EB/OL］. 人民网，http：//politics.people.com.cn/n1/2020/0226/c1024-31604459.html，2020-02-26.

尽可能多地生产一些粮食，多储存一些粮食，提高粮食安全系数，以国内稳产保供的确定性来应对外部环境的不确定性，真正做到手中有粮、心中不慌。但也必须看到，我国农产品在今后一段时间要确保其供给的数量、质量以及多样性的任务越来越艰巨。当前，国际环境不仅错综复杂而且不稳定性不确定性因素日益增大，面对这样的状况，我们必须坚决稳住农业，以确保我国粮食的稳定生产以及稳定供应，牢牢把住国家粮食安全的主动权，以粮食生产、供应的稳定性来应对外部环境的不确定。只有促进农村居民收入增加，才能激发农民种粮的积极性，从而稳定我国的粮食产量，保障国家粮食安全。农业是国民经济的基础，只有农业稳步发展，国民经济其他产业才能享有顺利发展的保障。增加农村居民收入，能够增强农村居民对我国农业发展的信心，让农民在自愿的基础上耕种、流转土地，避免出现撂荒现象，从而巩固农业的基础地位,① 有效应对国内外各种风险挑战。

五、增加农民收入可大大提高农民素质

党的十九大提出乡村振兴战略的"产业兴旺、生态宜居、乡风文明、治理有效、生活富裕"五项要求，指明了今后 30 年乡村发展的总体目标。农民是实施乡村振兴的主体，其群体素质水平既是保证乡村振兴战略平稳实施的关键要素，也是人才振兴的重要考核指标。自 1978 年改革开放以来，无论是身体健康状况还是科技文化素质、思维方式、道德水平或者市场经营意识、法律意识等方面，我国农民素质整体上都有了较大的提升，但与城镇人口相比，农村劳动者的整体素质水平比较低，二者差距仍比较明显。"三农"的核心问题实质上是农民收入的问题，农村收入提高了，其他问题也会随之迎刃而解。可见，有效解决农村经济问题、提高广大农民收入直接影响着我国国民经济的全面发展和社会的整体稳定。只有增加农民收入，让农民富了，他们才有可能追求文化和艺术享受，通过考察、旅游、参加博览会等途

---

① 李美慧. 经济新常态下唐山市农民增收意义及途径研究［J］. 开封教育学院学报，2017（9）：277－278.

径和形式增加与城市的沟通，思想和文化水平与城镇居民拉近，也才有钱投入农业科技的提高方面（举行专家讲座、聘用专家咨询等），从而推动我国全民族的思想、文化水平和科学技术水平的提高。

六、增加农民收入有利于推进现代化建设进程

城镇化是当今社会顺应新时期发展趋势所必经之路。城镇人口比例是衡量一个地区是否进入现代化的标志。只有不断推进农村人口向城镇转移才能使我国农村居民在数量上减少，从而步入现代化之路。所以在生活日新月异的今天，增加农村居民收入已经不单单只是一个经济问题，而是一个现代化建设的问题。从近期来看，加快农村城镇化，可以启动农村市场，扩大内需，拉动经济增长。从长远来看，农村城镇化是中国社会经济发展的必然趋势，是中国农村实现现代化的必由之路。农村城镇化的发展对打破城乡二元社会经济结构，缩小城乡差别，促进城市化和工业化协调发展，在更大范围内实现土地、劳动力、资金等生产要素的优化配置，有着不可估量的重要意义。

第二节　我国农民收入的现状

改革开放至今，我国经济总量大幅增长，2020 年国内生产总值达1015986 亿元，首次突破 100 万亿元，已经处于全世界第二的位置。[①] 伴随着我国经济的快速增长，我国农民收入也呈现持续增长态势。

一、农民收入的总量分析

改革开放以来，我国农民收入持续快速增长。由表 3 - 1 的数据可以看

---

① 国家统计局 . 2020 年中华人民共和国国民经济和社会发展统计公报［EB/OL］. http：//www. gov. cn/xinwen/2021 - 02/28/content_5589283. htm.

出，1978 年我国农民纯收入为 133.6 元，到 2020 年农村居民人均可支配收入达到 17131.5 元，增加了 16997.9 元，提高了 102.82 倍，总增长率为 10282%，年平均增长率为 12.25%，保持了长期快速的增长趋势。①

表 3 - 1　　　　1978 ~ 2020 年我国农村居民人均可支配收入　　　　单位：元

年份	人均可支配收入	年份	人均可支配收入
1978	133.6	2000	2253.4
1979	160.2	2001	2366.4
1980	191.3	2002	2475.6
1981	223.4	2003	2622.2
1982	270.1	2004	2936.4
1983	309.8	2005	3254.9
1984	355.3	2006	3587.0
1985	397.6	2007	4140.4
1986	423.8	2008	4760.6
1987	462.6	2009	5153.2
1988	544.9	2010	5919.0
1989	601.5	2011	6977.3
1990	686.3	2012	7916.6
1991	708.6	2013	9429.6
1992	784.0	2014	10488.9
1993	921.6	2015	11421.7
1994	1221.0	2016	12363.4
1995	1577.7	2017	13432.4
1996	1926.1	2018	14617.0
1997	2090.1	2019	16020.7
1998	2162.0	2020	17131.5
1999	2210.3		

注：由于统计口径的变化，2013 年以前农村居民人均可支配收入由人均纯收入替代。

资料来源：1979 ~ 2021 年《中国统计年鉴》。

———————

①　相关年份《中国统计年鉴》。

由表3-1可知，我国农村居民人均可支配收入自改革开放至今增幅很大，但在增长趋势上看又能分为不同的阶段，不同时期的收入变化特征不同。

（1）1978~1985年为第一阶段。这一时期国家实行改革开放以及家庭联产承包责任制，开放了农副产品的市场，农产品价格大幅提高，一系列的惠农政策，促进了农民生产的积极性，大大提升了农民的收入水平，除了1980年为负增长外，农民收入年均增长率为11.85%。总体上第一阶段农民收入保持了较高的增长速度。

（2）1986~1991年为第二阶段。这一时期由于农业生产成本变化幅度较大，导致农民收入增长率出现了大幅波动，人均收入最低增幅为1986年的0.33%，而最高增幅为1990年的22.11%。总体上第二阶段农民收入增长速度波动大。

（3）1992~1996年为第三阶段。这一时期国家加大了农业和农村的财政投入，同时也大幅提升了农产品的支持价格，在这一系列利好政策的引导下，农民收入增长速度有了一定程度的回升，平均每年农民收入增长率高达20.17%。总体上第三阶段农民收入保持了高的增长速度。

（4）1997~2002年为第四阶段。这一时期，由于情况特殊我国宏观经济政策略有不同。1997年国家为治理通胀而采取通货紧缩政策，1998年受亚洲金融危机的影响，面对国内需求的下降以及经济增长乏力，国家采取积极的财政政策和稳健的货币政策，投资大幅度增长，消费需求仍显不足。由于居民消费不足，引发农产品市场需求大幅降低，导致农业增长缓慢，全国经济不景气导致农村劳动力外出务工困难，受以上因素的影响，农民收入年均增长率为4.3%。和第三阶段相比，总体上第四阶段农民收入增长速度较缓。

（5）2003年至今为第五阶段。这一时期国家加大了农业生产的财政资金的投入，农业基础设施不断完善，同时还实施了免征农业税的政策，促进了农民收入大幅增加。总体上第五阶段农民收入保持了稳定较快增长速度。

二、农民收入的构成分析

农村居民人均可支配收入是由工资性收入、家庭经营收入、转移性收入和财产性净收入四部分构成的。不同收入形式在农村居民可支配收入结构中占据不同的比重，对农村居民收入增长具有不同程度的影响。由表 3－2 可以看出，自 2000 年以来，我国农村居民人均可支配收入总体呈现不断上升。在农村居民人均可支配收入构成中，2000～2012 年农村居民工资性收入呈现不断上升趋势，2012 年占比最高，达到 43.55%，2013 年下降 38.73%，2013～2019 年工资性收入又呈现不断上升趋势。2000～2020 年农民经营性收入占比呈现不断下降趋势，由 2000 年的 63.34% 下降到 2019 年的 35.97%。农民财产性收入占人均可支配收入比重小，2010 年最高达到 3.42%，整体呈现倒"U"型趋势。农民转移净收入占人均可支配收入比重逐步增加且整体呈现不断上升趋势。2019 年农民人均可支配收入 16020.7 元，比 2018 年增加 1403.7 元，增长 9.60%。其中，工资性收入增加 587.4 元，增长 9.80%；经营净收入增加 403.8 元，增长 7.54%；财产净收入增加 35.2 元，增长 10.29%；转移净收入增加 377.3 元，增长 12.92%。

表 3－2　　　　　　　　　农村居民人均可支配收入的构成

年份	人均可支配收入（元）	工资性收入（元）	工资性收入占比（%）	经营性收入（元）	经营性收入占比（%）	财产性收入（元）	财产性收入占比（%）	转移性净收入（元）	转移性净收入占比（%）
2000	2253.4	702.3	31.17	1427.3	63.34	45.0	1.99	78.8	3.50
2001	2366.4	771.9	32.62	1459.6	61.68	47.0	1.99	87.9	3.71
2002	2475.6	840.2	33.94	1486.5	60.05	50.7	2.05	98.2	3.94
2003	2622.2	918.4	35.02	1541.2	58.77	65.8	2.51	96.8	3.70
2004	2936.4	998.5	34.00	1745.7	59.45	76.6	2.61	115.6	3.94
2005	3254.9	1174.5	36.08	1844.5	56.67	88.5	2.72	147.4	4.53
2006	3587.0	1374.8	33.33	1930.9	53.83	100.5	2.80	180.8	5.04
2007	4140.4	1596.2	38.55	2193.7	52.98	128.2	3.10	222.3	5.37
2008	4760.6	1853.7	38.94	2435.6	51.16	148.1	3.11	323.2	6.79
2009	5153.2	2061.3	40.00	2526.8	49.04	167.2	3.24	397.9	7.72
2010	5919.0	2431.1	41.07	2832.8	47.86	202.2	3.42	452.9	7.65

续表

年份	人均可支配收入（元）	工资性收入（元）	工资性收入占比（%）	经营性收入（元）	经营性收入占比（%）	财产性收入（元）	财产性收入占比（%）	转移性净收入（元）	转移性净收入占比（%）
2011	6977.3	2963.4	42.47	3222.0	46.18	228.6	3.28	563.3	8.07
2012	7916.6	3447.5	43.55	3533.4	44.63	249.1	3.15	686.6	8.67
2013	9429.6	3652.5	38.73	3934.9	41.73	194.7	2.06	1647.5	17.47
2014	10488.9	4152.2	39.58	4237.4	40.40	222.1	2.12	1877.2	17.90
2015	11421.7	4600.3	40.28	4503.6	39.43	251.5	2.20	2066.3	18.09
2016	12363.4	5021.8	40.62	4741.3	38.35	272.1	2.20	2328.2	18.83
2017	13432.4	5498.4	40.93	5027.8	37.43	303.0	2.26	2603.2	19.38
2018	14617.0	5996.1	41.02	5358.4	36.66	342.1	2.34	2920.5	19.98
2019	16020.7	6583.5	41.09	5762.2	35.97	377.3	2.36	3297.8	20.58
2020	17131.5	6973.9	40.71	6077.4	35.47	418.8	2.44	3661.3	21.38

注：由于统计口径的变化，2013 年以前农村居民人均可支配收入由人均纯收入替代。

资料来源：2001～2021 年《中国统计年鉴》。

根据表 3-2 可知，农民工资性收入及经营性收入二者之和占到人均可支配收入的 70% 以上，这说明工资性收入和经营性收入中的农业生产收入仍然是我国农村居民收入的主要组成部分，是我国农村居民收入的主要来源。同时，随着惠农政策支持力度的加大，新型农村合作医疗（新农合）和新型农村社会养老保险（新农保）试点范围扩大等因素使得转移性收入在我国农村居民人均可支配收入中比重逐年上升，也在一定程度上表明农村社会保障对于农村居民收入增长具有激励作用。工资性收入和家庭经营收入是农村居民收入的主要来源，对农村居民收入增长的影响最大，而转移性收入和财产性收入占农村居民收入的比重较低，是农民收入的一种重要补充形式，对农村居民收入增长的影响小。

从收入结构看，除了务农增收，外出打工、在乡创业、盘活资源成为农民增收的新亮点。务工收入方面，农民工数量稳步增加，工资水平不断提高，工资性收入 2020 年达到 6973.9 元，5 年间增加 2374 元，对农民增收贡献最大，贡献率达 41.6%。财产收入方面，农村改革红利持续释放，带动财产净收入快速增长，2020 年达到 418.8 元，比 2015 年增加 66.3%，成为农民增收新亮点。

三、农民收入增加额及增长速度分析

改革开放以来，农民收入持续大幅增长。由表 3-3 可知，农村居民人均可支配收入 2020 年达到 17131.5 元，比 2019 年增加 1110.8 元，增长了 6.93%。农村居民人均可支配收入增加额 2019 年最高，达到 1403.7 元，增长率 2011 年最高达到 17.88%。2000~2011 年，农村居民人均可支配收入增加额及增长速度基本上呈现不断上升趋势；2012~2020 年呈现上升—下降—下降趋势，特别是自 2013 年以来，农村居民收入增长速度趋缓，2020 年农村居民人均可支配收入比 2019 年增加 1110.3 元，增长 6.93%，增长速度比 2019 年下降 2.67 个百分点，农村居民收入持续增加面临一定的压力。"十四五"时期（2021~2025 年）中国要扎实推动共同富裕。农业农村部将持续促进农业高质高效，大力发展富民乡村产业，深化农村改革，稳定和加强农民种粮补贴，加强民生保障力度，全方位多举措增加农村居民收入。

表 3-3　　　2000~2020 年农民人均可支配收入的增加额及增长速度

年份	人均可支配收入（元）	较上年增加额（元）	较上年增长速度（%）
2000	2253.4	43.1	1.95
2001	2366.4	113.0	5.01
2002	2475.6	109.2	4.41
2003	2622.2	146.6	5.59
2004	2936.4	314.2	10.70
2005	3254.9	318.5	10.85
2006	3587.0	332.1	10.20
2007	4140.4	553.4	13.37
2008	4760.6	620.2	13.03
2009	5153.2	392.6	8.25

续表

年份	人均可支配收入 （元）	较上年增加额 （元）	较上年增长速度 （％）
2010	5919.0	765.8	14.86
2011	6977.3	1058.3	17.88
2012	7916.6	939.3	11.86
2013	9429.6	1513.0	16.05
2014	10488.9	1059.3	11.23
2015	11421.7	932.8	8.89
2016	12363.4	941.7	8.24
2017	13432.4	1069.0	8.65
2018	14617.0	1184.6	8.82
2019	16020.7	1403.7	9.60
2020	17131.5	1110.3	6.93

注：由于统计口径的变化，2013 年以前农村居民人均可支配收入由人均纯收入替代。
资料来源：2001～2021 年《中国统计年鉴》。

四、不同地区农民收入的比较分析

由于我国各地区的资源禀赋、经济发展基础等存在着差异，直接导致不同地区的农村居民收入也自然存在较大差异。由表 3－4 中的数据可以看出，自 2000 年以来，东部地区农民人均可支配收入最高，居于第一；东北地区居于第二；中部地区第三；西部地区农民收入最低，居于最后。在东部地区中上海、浙江等地的农民人均可支配收入始终居于最高地位，由于东部地区这些省份经济发达，交通便利，基础设施完善，使得这部分地区的农民收入处于第一地位。东北地区由于其丰富的石油资源和地理优势，农民收入虽不及东部地区高，但仍稳居于第二。中部地区中山西、河南、安徽等省份，地区工农业基础雄厚，现代服务业发展迅速，因此农民收入总体与东北地区相差不大，略低于东北地区。西部地区中陕西、甘肃、青海等地，地域广阔，交通不便，限制了其对外传播和交流，这也导致了这部分地区的农民收入处于最末地位。

表 3 – 4　　　　　　　　**2000 ～ 2020 年不同地区农民人均可支配收入**　　　　单位：元

年份	东部地区	中部地区	西部地区	东北地区
2000	3271.3	2077.6	1661.0	2177.0
2001	3450.5	2169.5	1721.2	2339.0
2002	3629.2	2278.5	1820.9	2483.5
2003	3864.2	2368.7	1935.9	2648.2
2004	4253.8	2692.3	2157.9	3097.9
2005	4720.3	2956.6	2378.9	3379.0
2006	5188.2	3283.2	2588.4	3744.9
2007	5855.0	3844.4	3028.4	4348.3
2008	6598.2	4453.4	3517.8	5101.2
2009	7155.5	4792.8	3816.5	5456.6
2010	8142.8	5509.6	4418.0	6434.5
2011	9585.0	6529.9	5246.8	7790.6
2012	10817.5	7435.2	6026.6	8846.5
2013	11856.8	8983.2	7436.6	9761.5
2014	13144.6	10011.1	8295.0	10802.1
2015	14297.4	10919.0	9093.4	11490.1
2016	15498.3	11794.3	9918.4	12274.6
2017	16822.1	12805.8	10828.6	13115.8
2018	18285.7	13954.1	11831.4	14080.4
2019	19988.6	15290.5	13035.3	15356.7
2020	21286.0	16213.2	14110.8	16581.5

注：由于统计口径的变化，2013 年以前农村居民人均可支配收入由人均纯收入替代。

资料来源：2001 ～ 2021 年《中国统计年鉴》。

　　从整体上来看，我国农民收入不断增长，在不同时期增长速度略有不同。根据表 3 – 4 的数据计算可知，2018 ～ 2019 年各地区农民人均支配收入增长最快，东部、中部、西部及东北地区分别增加了 1702.9 元、1336.4 元、1203.9 元、1276.3 元；2013 ～ 2014 年各地区农民人均可支配收入增长速度最快，东部、中部、西部及东北地区分别增长 10.86%、11.44%、11.54%、

10.66%；2013～2019年，农民收入一直处于增长状态，但增长速度整体呈放缓状态。由表3-4可以看出，由于地区间经济发展水平的差距，导致我国各地区农民收入差距进一步扩大，尤其明显的是东西部农民收入差距进一步拉大。2013年，东西部农民收入差距为4420.2元，之后逐年递增，差距逐年增大，直到2019年，东西部农村居民收入差距增加至6953.3元，特别是东部沿海地区农民收入是西部云南、贵州等地区的3～4倍。

第三节　我国农民收入存在的问题

改革开放以来，我国经济发展阶段不同，农民收入增长过程中表现出的问题也有所不同，导致问题的原因和解决问题的措施也存在差异。根据对全国农民增长状况变化的分析，总体上可以把我国农民收入问题主要归纳为四个方面：农民收入绝对水平偏低、农民收入增速缓慢、城乡居民收入差距不断扩大、农民收入的地区差距及内部差距不断扩大。

一、农民收入水平偏低

虽然我国农民收入一直在增加，但与城镇居民的同期收入相比较，我们就会发现农民的收入水平还是较低。由表3-5可以看出，1978～2020年，经过40多年的发展，农民人均可支配收入占城镇居民人均可支配收入的比重最高只有54.87%，更多的年份是还不及后者的一半。自2000年以来，农民人均可支配收入占城镇居民人均可支配收入的比重都低于40%，特别是2002～2012年，这一比例都低于31%。2000～2020年，这一比例变化不大，2009年这一比例最低，农民人均可支配收入为5153.2元，仅占城镇居民人均可支配收入的30.00%；2020年这一比例最高，农民人均可支配收入为17131.5元，仍大大低于城镇居民人均可支配收入（43834.0元），仅占后者的39.08%，农民收入水平明显偏低。

表 3 - 5   **1978~2020 年城乡居民收入**

年份	城镇居民人均可支配收入（元）	农村居民人均可支配收入（元）	农村居民人均可支配收入占城镇居民可支配收入的比重（%）
1978	343.4	133.6	38.91
1979	405.0	160.2	39.56
1980	477.6	191.3	40.05
1981	500.4	223.4	44.64
1982	535.3	270.1	50.45
1983	564.6	309.8	54.87
1984	652.1	355.3	54.49
1985	739.1	397.6	53.80
1986	900.9	423.8	47.04
1987	1002.1	462.6	46.16
1988	1180.2	544.9	46.17
1989	1373.9	601.5	43.78
1990	1510.2	686.3	45.44
1991	1700.6	708.6	41.67
1992	2026.6	784.0	38.69
1993	2577.4	921.6	35.76
1994	3496.2	1221.0	34.92
1995	4283.0	1577.7	36.84
1996	4838.9	1926.1	39.80
1997	5160.3	2090.1	40.50
1998	5425.1	2162.0	39.85
1999	5854.0	2210.3	37.76
2000	6280.0	2253.4	35.88
2001	6859.6	2366.4	34.50
2002	7702.8	2475.6	32.14
2003	8472.2	2622.2	30.95
2004	9421.6	2936.4	31.17
2005	10493.0	3254.9	31.02
2006	11759.5	3587.0	30.50
2007	13785.8	4140.4	30.03
2008	15780.8	4760.6	30.17
2009	17174.7	5153.2	30.00
2010	19109.4	5919.0	30.97

年份	城镇居民人均可支配收入（元）	农村居民人均可支配收入（元）	农村居民人均可支配收入占城镇居民可支配收入的比重（%）
2011	21809.8	6977.3	31.99
2012	24564.7	7916.6	32.23
2013	26467.0	9429.6	35.63
2014	28843.9	10488.9	36.36
2015	31194.8	11421.7	36.61
2016	33616.2	12363.4	36.78
2017	36396.2	13432.4	36.91
2018	39250.8	14617.0	37.24
2019	42359.0	16021.0	37.82
2020	43834.0	17131.5	39.08

注：由于统计口径的变化，2013 年以前农村居民人均可支配收入由人均纯收入替代。

资料来源：1979～2021 年《中国统计年鉴》。

二、农民收入增速缓慢

改革开放以来，农村生产力获得很大发展，农民收入有了很大的提高，农民生活质量也有了很大的改善。但是，与我国国民经济发展相比，与我国城镇居民收入水平相比，农民收入增速还是比较缓慢。1978 年农民人均可支配收入为 133.6 元，2020 年农民人均可支配收入为 17131.5 元，平均每年增加 404.7 元，城镇居民同期人均可支配收入由 1978 年的 343.4 元增加到 2020 年的 43834.0 元，平均每年增加 1035.5 元，农民人均收入与城镇居民人均收入相比，平均每年增加额要低很多。[1] 表 3－6 及图 3－1 数据显示，2010 年全年农村居民人均纯收入 5919.0 元，比 2009 年增长 14.7%，扣除价格因素，实际增长 10.9%，到 2020 年农村居民人均可支配收入 17131.5 元，比 2019 年增长 6.9%，扣除价格因素，实际增长 3.8%。虽然农民收入持续不断增加，但增长速度明显放慢，增长率呈递减趋势。

---

[1]　1979～2021 年《中国统计年鉴》。

表 3 − 6　　　　　2010 ~ 2020 年农村居民人均可支配收入及其增速

年份	农村居民人均可支配收入（元）	较上年增长率（%）	较上年实际增长率（%）
2010	5919. 0	14. 7	10. 9
2011	6977. 3	17. 9	11. 4
2012	7916. 6	13. 5	10. 7
2013	9429. 6	12. 4	9. 3
2014	10488. 9	11. 2	9. 2
2015	11421. 7	8. 9	7. 5
2016	12363. 4	8. 2	6. 2
2017	13432. 4	8. 6	7. 3
2018	14617. 0	8. 8	6. 6
2019	16021. 0	9. 6	6. 2
2020	17131. 5	6. 9	3. 8

注：由于统计口径的变化，2013 年以前农村居民人均可支配收入由人均纯收入替代。
资料来源：2010 ~ 2020 年《中华人民共和国国民经济和社会发展统计公报》。

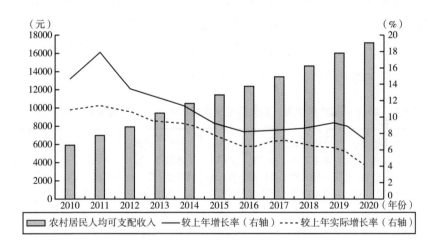

图 3 − 1　农村居民人均可支配收入及其增速

注：由于统计口径的变化，2013 年以前农村居民人均可支配收入由人均纯收入替代。
资料来源：2010 ~ 2020 年《中华人民共和国国民经济和社会发展统计公报》。

三、城乡居民绝对收入差距不断扩大

伴随着农民收入增幅的下降，城乡居民绝对收入差距也出现了不断扩大的趋势。党的十一届三中全会以后,由于农村的先行改革,在农民收入水平不断提高的同时,全国城乡居民之间的收入差距不断缩小,到 1983 年全国城乡居民比为 1.82,这一差距降到最低点。但是,1984 年以后,农产品供求格局发生变化,农民收入增长速度趋缓,而城市开始了经济体制改革,城镇居民的收入增长较快,全国城乡居民收入开始进一步扩大。1984 年全国城乡居民比为 1.84,1994 年又扩大到 2.86,1995～1997 年有所下降,1998 年又开始回升,2009 年上升到 3.33。① 由表 3-7 及图 3-2 显示,2010 年以来,全国城乡居民收入比呈下降趋势,但仍然超过 2.5。东部地区、中部地区和东北地区的城乡居民收入比都低于同期全国平均水平,西部地区城乡居民收入比都高于同期全国平均水平。在国际上,大多数国家城乡收入比低于1.5。从城乡居民收入绝对差距来看,全国、东部地区、中部地区、西部地区及东北地区的城乡居民收入绝对差距逐年进一步扩大,其中中部地区、西部地区及东北地区的城乡居民收入绝对差距都低于同期全国平均水平,东部地区城乡居民收入比都高于同期全国平均水平。由此可见,我国城乡居民收入差距整体上比较严重,应该给予高度重视。

表 3-7　　2010～2020 年全国、四大区域城乡居民收入绝对差距及收入比

年份	全国城乡居民收入绝对差距(元)	全国城乡居民收入比	东部城乡居民收入绝对差距(元)	东部城乡居民收入比	中部城乡居民收入绝对差距(元)	中部城乡居民收入比	西部城乡居民收入绝对差距(元)	西部城乡居民收入比	东北城乡居民收入绝对差距(元)	东北城乡居民收入比
2010	13190.4	3.23	15130.0	2.86	10152.4	2.90	11388.6	3.58	9506.5	2.48
2011	14832.5	3.13	16821.0	2.75	11793.3	2.81	12912.7	3.46	10510.7	2.35
2012	16648.1	3.10	18804.1	2.74	13262.0	2.78	14573.6	3.42	11912.8	2.35
2013	17117.4	2.81	19295.6	2.63	13681.5	2.52	14926.2	3.01	13745.7	2.41
2014	18355.0	2.75	20760.8	2.58	14722.2	2.47	16095.6	2.94	14776.8	2.37
2015	19773.1	2.93	22393.9	2.57	15890.6	2.46	17379.7	2.91	15909.5	2.38

① 1979～2021 年《中国统计年鉴》。

续表

年份	全国城乡居民收入绝对差距（元）	全国城乡居民收入比	东部城乡居民收入绝对差距（元）	东部城乡居民收入比	中部城乡居民收入绝对差距（元）	中部城乡居民收入比	西部城乡居民收入绝对差距（元）	西部城乡居民收入比	东北城乡居民收入绝对差距（元）	东北城乡居民收入比
2016	21252.8	2.72	24152.7	2.56	17085.0	2.45	18691.3	2.88	16770.5	2.37
2017	22963.8	2.71	26167.7	2.56	18488.0	2.44	20158.3	2.86	17843.7	2.36
2018	24633.8	2.69	28146.9	2.54	19849.1	2.42	21557.2	2.82	18913.3	2.34
2019	26338.0	2.64	30156.8	2.51	21317.0	2.39	23005.3	2.76	19773.6	2.29
2020	26703.0	2.56	30741.1	2.44	21445.0	2.32	23434.3	2.66	19118.6	2.15

注：由于统计口径的变化，2013 年以前农村居民人均可支配收入由人均纯收入替代。

资料来源：2001～2021 年《中国统计年鉴》。

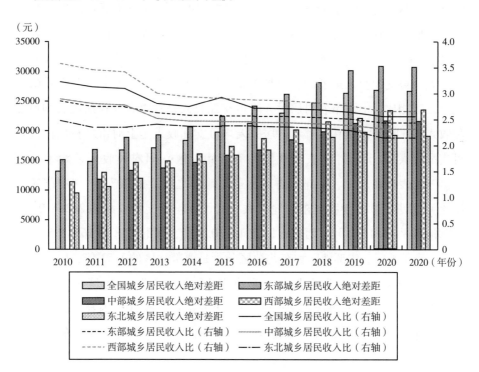

图 3－2 2010～2020 年全国、四大区域城乡居民收入绝对差距及收入比

注：由于统计口径的变化，2013 年以前农村居民人均可支配收入由人均纯收入替代。

资料来源：2001～2021 年《中国统计年鉴》。

四、农民收入地区差距偏大

我国地域辽阔，各地经济发展很不平衡，导致我国农民收入地区之间差距大。我国农民收入的地区差异一是表现在各县（市、区）之间。2020年《山西统计年鉴》和2020年《江苏统计年鉴》数据显示，2019年江苏省江阴市农村居民人均可支配收入为36095元，而山西省石楼县农村居民人均可支配收入仅为4333元，① 两者相比，江苏省江阴市农村居民人均可支配收入是山西省石楼县农村居民人均可支配收入的8.33倍，山西省石楼县农村居民人均可支配收入只是江苏省江阴市农村居民人均可支配收入的12.00%。由此可见，我国各县（市、区）之间农村居民收入相差悬殊。二是表现在各省（市、区）之间。根据2021年《中国统计年鉴》的数据可知，2020年全国农村居民人均可支配收入为17131元，其中上海市农村居民人均可支配收入高达34911元，比全国平均水平高出17780元，在全国排第一位；而农村居民人均可支配收入最低的省是甘肃省，低至10334元，比全国平均低6787元，二者相比，上海市农村居民人均可支配收入是甘肃省农村居民人均可支配收入3.375倍，而甘肃省农村居民人均可支配收入是上海市农村居民人均可支配收入29.61%，这表明我国各省（市、区）间农民收入差距十分明显。三是表现在东部、中部、西部及东北地区之间。据2021年《中国统计年鉴》统计，2020年我国东部地区农村居民人均可支配收入是21286.0元，中部地区是16213.2元，西部地区是14110.8元，东北地区是16581.5元，② 其中，东部地区、中部地区和东北地区分别是西部地区的1.53倍、1.17倍和1.18倍；中部地区、西部地区、东北地区分别是东部地区的76.50%、65.21%、76.82%。中郡县域经济研究所公布的第二十届全国县域经济百强中，东部71个，占71%；中部20个，占20%；西部9个，占9%；东北1个，

---

① 2020年《山西统计年鉴》及2020年《江苏统计年鉴》。
② 2021年《中国统计年鉴》。

占1%。① 对四大区域农民收入进行比较分析，可以看出不同区域间农民收入差距还是比较明显。

五、农民收入的内部差距大

改革开放以来，我国农民的人均可支配收入不断增加，平均每年保持较高的增长速度。但与此同时，我国农民内部的收入绝对差距不断扩大，高收入农户与低收入农户之间的收入差距越来越大。根据《中国统计年鉴》上的分类，将我国农民收入按照五等分分为高收入、中高收入、中等收入、中低收入和低收入五个组，以下通过高收入组和低收入组的收入差额及收入比来分析农民收入内部呈现的差距。表3－8的数据显示，我国农民高、低收入组之间的差距总体上是扩大趋势，高、低收入组农民收入绝对差额由2002年的5038.5元扩大到2020年的33838.8元，收入比由2002年的6.88倍扩大到2020年的8.23倍，2017年最高达到9.48倍。这表明我国农民收入内部差距具有以下两点：第一，农民收入最高组是最低组的6～10倍，这表明农民收入内部差距大，差距十分明显；第二，农民内部收入绝对差距扩大趋势明显。

表3－8　　　　　　2002～2020年农村居民高、低收入与高低收入比

年份	高收入（元）	低收入（元）	高低收入绝对差距（元）	高低收入比
2002	5895.6	857.1	5038.5	6.88
2003	6346.9	865.9	5481.0	7.33
2004	6930.7	1006.9	5923.8	6.88
2005	7747.4	1067.2	6680.2	7.26
2006	8474.8	1182.5	7292.3	7.17
2007	9790.7	1346.9	8443.8	7.27
2008	11290.2	1499.8	9790.4	7.53

---

① 中郡县域经济研究所.2020年全国县域经济百强名单［EB/OL］. https：//www. maigoo. com/news/579443. html.

续表

年份	高收入（元）	低收入（元）	高低收入绝对差距（元）	高低收入比
2009	12319.1	1549.3	10769.8	7.95
2010	14049.7	1869.8	12179.9	7.51
2011	16783.1	2000.5	14782.6	8.39
2012	19008.9	2316.2	16692.7	8.21
2013	21323.7	2877.9	18445.8	7.41
2014	23947.4	2768.1	21179.3	8.65
2015	26013.9	3085.6	22928.3	8.43
2016	28448.0	3006.5	25441.5	9.46
2017	31299.3	3301.9	27997.4	9.48
2018	34042.6	3666.2	30376.4	9.29
2019	36049.4	4262.6	31786.8	8.45
2020	38520.3	4681.5	33838.8	8.23

注：由于统计口径的变化，2013 年以前农村居民人均可支配收入由人均纯收入替代。

资料来源：2003～2020 年《中国统计年鉴》。

第四节　制约我国农民收入增长的主要因素

"三农"问题核心归结为农民收入的增长问题。目前，我国农民收入水平普遍偏低，增长速度持续放缓，成为影响我国国民经济发展中的重要因素。总体来看，制约我国农民收入增长的因素主要有以下八个方面。

一、农民受教育的程度

西方人力资本理论较早对受教育程度与收入之间的关系进行了研究，认为受教育程度对个体收入具有明显的促进作用。舒尔茨（1963）研究发现，以教育为主要内容的人力资本投入对收入作用显著，教育方面的投资越多，人口素质越高，其收入越多，二者成正比。美国经济学家约翰逊（D. Gale Johson）研究结果表明，中国农民在校时间每增加 1 年，他们的收入就可以增长 3.6% ～ 5.5%，如果农业从业人员的受教育水平达到城市人口的受教育水平，农民收入将大幅度增加，且城乡差距会缩小 15% ～ 20%。① 钱雪亚和张小蒂（2000）认为教育具有主体和基础地位，并且以浙江省 64 个县（市）为样本进行研究，结果表明从业人员平均受教育年限与农民人均纯收入的相关系数较高，并且农村高教育从业者对农村经济发展具有特殊影响力。其表现为农村从业人员中文化程度相对较高的人员对农村经济结构调整、技术进步具有重要的作用。受教育程度的差异，是导致农民收入差距的主要因素。由于我国农村人口数量大，从农民受教育程度来看，农民文化水平还是比较偏低。参照蒲艳萍和余尊宝（2012）的观点，本书对受教育年限的定义如下：未上学假定其受教育年限为 0，不识字或识字很少为 2 年，小学毕业生受教育年限为 6 年，初中为 9 年，高中、中专为 12 年，大专及以上为 15 年，平均受教育年限就是不同文化层次农村居民占的比重与受教育年限的乘积之和。表 3 - 9 数据显示，2001 年全国农村居民受不同程度教育的人口占 6 岁及以上人口的比例不同，其中不识字或识字很少占 12.60%，小学程度占 44.29%，初中程度占 36.82%，高中程度及中专程度占 5.63%，大专及大专以上占 0.65%，而初中及以下文化程度人口所占比重高达 93.71%，大专及大专以上文化程度人口仅占 0.65%，其受教育年限平均为 6.99 年。同期全国城镇居民受不同程度教育的人口占 6 岁及以上人口的比例也不同，其中不识字或识字很少占 6.01%，小学程度占 22.90%，初中程度占 36.87%，高中程度及中专程度占 23.61%，大专及大专以上占 10.61%，而初中及以下文化程度人口所占比重为 65.78%，大专及大专以上文化程度所占重高达 10.61%，其受教育年限平均为 9.24 年，高于农村居民 2.25 年。经过十多年的发展，我国农民受教育的年限得到较大幅度的提升，受教育人口的比例结构趋于合理。农民初中及以下的文化程度人口所占比重已由 2001 年的 93.71% 下降到 2019 年的 84.03%，大专及大专以上文化程度人口所占比例由 2001 年的 0.65% 增加到 2019 年的 4.67%。2019 年全国城镇、

---

① 梁树广. 山东省农民受教育程度与农民收入关系 [J]. 山东工商学院学报，2014，28（2）：19－24.

农村居民6岁及以上人口受教育的平均年限分别为7.87年、10.04年，二者相差2.17年。与城镇人口相比，农村居民尚未完成九年制义务教育。图3-3及表3-10数据表明，自2001年以来，我国农民文盲人口占15岁及以上人口比重不断下降，由2001年的14.87%下降为2019年的7.63%。但与城镇相比，农民文盲人口占15岁及以上人口比重都远远高于城镇，2019年农村15岁及以上人口中文盲人口占比是城镇的2.82倍。以上情况都表明，农民受教育年限比较短，文化素质比较低。有关研究表示，农民接受教育的时间长短或者是接受教育的程度大小与其个人在以后生产中所获得收入的多少存在着正比例变动关系，具体来说，对其教育的时间每增加1年，其个人将来所得的收入数额就会相应地增加4.5%。[①] 由于农民文化素质偏低，只能从事进入门槛低、科技含量较低的行业，这显然制约了农民的工资性收入的进一步增长。由此可见，农民受教育程度成为制约农民收入增长的一个重要因素，提高农民文化水平对其收入增长意义重大。

表3-9　居民受教育程度人口占6岁及以上人口的比例和受教育年限

年份	未上学（%）		小学程度（%）		初中程度（%）		高中及中专程度（%）		大专及大专以上程度（%）		受教育年限（年）	
	农村	城镇	农村	城镇	农村	城镇	农村	城镇	农村	城镇	农村	城镇
2001	12.60	6.01	44.29	22.90	36.82	36.87	5.63	23.61	0.65	10.61	6.99	9.24
2002	12.87	6.09	42.65	22.96	37.91	37.16	7.26	22.75	0.71	10.96	7.21	9.22
2003	12.42	5.84	41.40	22.21	39.16	36.46	6.29	23.33	0.64	8.17	7.11	8.76
2004	11.81	5.43	39.89	21.79	40.83	37.13	6.58	23.00	0.89	12.66	7.23	9.42
2005	13.76	3.48	40.72	24.30	38.45	38.21	6.31	19.85	0.76	11.37	7.05	9.05
2006	11.50	5.31	40.62	23.41	39.80	37.96	7.11	20.38	0.97	12.94	7.02	9.21
2007	10.59	4.88	39.10	22.92	41.46	38.72	7.77	20.27	1.08	13.22	7.17	9.28
2008	9.89	4.73	38.41	22.75	42.40	39.24	8.13	20.16	1.18	13.03	7.29	9.29
2009	9.50	4.48	37.33	22.15	43.44	39.72	8.26	19.86	1.46	13.74	7.36	9.35

[①] 赵舒. 河北省农民增收问题研究 [D]. 秦皇岛：河北科技师范学院，2018.

续表

年份	未上学 （%）		小学程度 （%）		初中程度 （%）		高中及 中专程度 （%）		大专及大专 以上程度 （%）		受教育年限 （年）	
	农村	城镇	农村	城镇	农村	城镇	农村	城镇	农村	城镇	农村	城镇
2010	7.24	2.84	38.06	19.77	44.91	38.61	7.73	22.05	2.06	16.72	7.57	9.82
2011	8.17	3.06	36.25	19.64	44.92	38.20	8.39	21.93	2.27	17.17	7.57	9.82
2012	7.89	3.05	35.95	19.05	45.05	37.72	8.85	22.40	2.25	17.79	7.61	9.89
2013	7.47	2.94	35.73	18.62	45.01	37.34	9.39	22.41	2.40	18.69	7.68	9.97
2014	8.16	3.17	35.04	19.29	44.40	36.79	9.88	22.09	2.52	18.65	7.66	9.92
2015	8.65	3.40	35.36	19.13	42.28	35.25	10.22	21.26	3.48	20.96	7.68	10.02
2016	8.81	3.41	34.70	18.91	43.00	35.76	10.39	21.72	3.11	20.19	7.67	9.99
2017	8.17	3.24	34.61	13.81	42.72	34.77	11.03	22.16	3.47	21.21	7.77	10.09
2018	8.26	3.47	34.69	18.92	41.85	35.02	10.99	21.99	4.24	20.61	7.80	10.02
2019	7.91	3.29	34.62	19.25	41.50	34.57	11.31	21.88	4.67	20.99	7.87	10.04

注：由于统计口径的变化，2006 年以前未上过学指标用不识字或识字很少指标替代。

资料来源：2002～2020 年《中国人口和就业统计年鉴》。

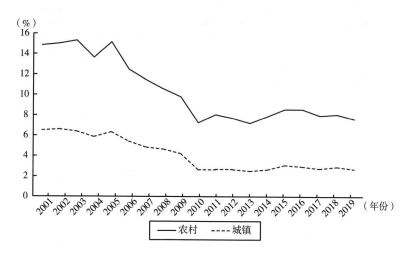

图 3－3　文盲人口占 15 岁及以上人口比重

注：由于统计口径的变化，2006 年以前未上过学指标用不识字或识字很少指标替代。

资料来源：2002～2020 年《中国人口和就业统计年鉴》。

表 3 - 10 　　　　　　　　文盲人口占 **15** 岁及以上人口比重 　　　　　　　单位:%

年份	农村	城镇
2001	14.87	6.51
2002	15.04	6.61
2003	15.34	6.40
2004	13.65	5.86
2005	15.17	6.34
2006	12.49	5.42
2007	11.46	4.84
2008	10.56	4.65
2009	9.79	4.22
2010	7.26	2.66
2011	8.05	2.70
2012	7.70	2.68
2013	7.21	2.51
2014	7.88	2.66
2015	8.57	3.09
2016	8.58	2.96
2017	7.96	2.76
2018	8.07	2.93
2019	7.63	2.71

注：由于统计口径的变化，2006 年以前未上过学指标用不识字或识字很少指标替代。

资料来源：2002~2020 年《中国人口和就业统计年鉴》。

二、城镇化水平

改革开放以来，我国经济保持了较快的增长，目前经济总量位居世界第二，取得了令人瞩目的成就。现阶段我国经济发展处于新常态之下，党的十九大报告中明确提出中国特色社会主义进入新时代，并指出新时代我国社会主要矛盾已经转化为人民日益增长的美好生活需要和不平衡不充分的发展之间的矛盾。[①] 其中城乡居民收入绝对差距不断扩大是不平衡不充分发展中的最突出问题之一。如何缩小城乡居民收入绝对差距，其中重要的一点就是要坚持大力推进城镇化的建设。在城镇化进程中，不断提高农村居民收入水平，逐步缩小城乡居民收入差距，有助于化解社会主要矛盾，有助于"三农"问题的解决。城镇化水平的增加可以带动第二、第三产业的发展，加大农村剩余劳动力的流转，通过就业提高农民的工资性收入。随着经济增长以及城镇化的推进，不仅可以促进农民收入的增加，而且还可以带动农民消费水平的提升，一方面可以拉动内需，带动农产品市场需求不断扩大，促进农产品销量的增长；另一方面会拉动农产品价格的上涨，进而促进农产品销售收入的提高，有利于农民获取家庭经营收入。城镇化水平的增加，可以促使农村通过规模经营来降低运营成本，可优化资源配置，提高农业劳动生产率，在一定程度上促进农民家庭经营收入增长。城镇化水平的增加可以带来资本、人力等要素流动带来的集聚效应，推动区域经济发展，一方面为农民就业提供岗位；另一方面区域经济发展后，地区财政改善，政府就有能力加大基础设施建设的财政投入，改善基础设施的建设，这将有利于农民转移性收入的增加。由图3-4及表3-11可以看出，随着我国城镇化率的提升，农民的收入水平也呈现不断增加的趋势。我国城镇化率由2000年的36.22%提升到2020年的63.89%，农村居民人均可支配收入也由2000年的2253.4元增加到2020年的17131.5元。城镇化水平不断提高，农村居民人均可支配收入也随之增长，农村居民人均可支配收入与城镇化水平之间存在着正相关的关系，积极稳妥推进城镇化可以实现农民收入的总量增加以及各项收入来源的增加。

---

① 郭巧云. 习近平新时代观的逻辑理路 [J]. 荆楚学刊, 2020 (1): 29-34.

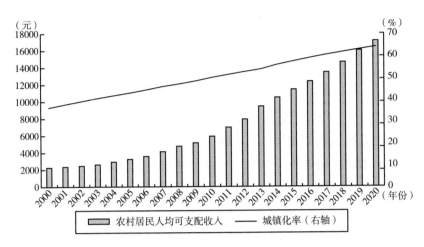

图 3 - 4　城镇化率及农村居民人均可支配收入

注：由于统计口径的变化，2013 年以前农村居民人均可支配收入由人均纯收入替代。

资料来源：2001 ~ 2021 年《中国统计年鉴》。

表 3 - 11　　　　　　城镇化率及农村居民人均可支配收入

年份	城镇化率（%）	农村居民人均可支配收入（元）	工资性收入（元）	经营性收入（元）	财产性收入（元）	转移净收入（元）
2000	36. 22	2253. 4	702. 3	1427. 3	45. 0	78. 8
2001	37. 66	2366. 4	771. 9	1459. 6	47. 0	87. 9
2002	39. 09	2475. 6	840. 2	1486. 5	50. 7	98. 2
2003	40. 53	2622. 2	918. 4	1541. 3	65. 8	96. 8
2004	41. 76	2936. 4	998. 5	1745. 8	76. 6	115. 5
2005	42. 99	3254. 9	1174. 5	1844. 5	88. 5	147. 4
2006	44. 34	3587. 0	1374. 8	1930. 9	100. 5	180. 8
2007	45. 89	4140. 4	1596. 2	2193. 7	128. 2	222. 3
2008	46. 99	4760. 6	1853. 7	2435. 6	148. 1	323. 2
2009	48. 34	5153. 2	2061. 3	2526. 8	167. 2	397. 9
2010	49. 95	5919. 0	2431. 1	2832. 8	202. 2	452. 9
2011	51. 27	6977. 3	2963. 4	3222. 0	228. 6	563. 3
2012	52. 57	7916. 6	3447. 5	3533. 4	249. 1	686. 6
2013	53. 73	9429. 6	3652. 5	3934. 9	194. 7	1647. 5

续表

年份	城镇化率（％）	农村居民人均可支配收入（元）	工资性收入（元）	经营性收入（元）	财产性收入（元）	转移净收入（元）
2014	55.75	10488.9	4152.2	4237.4	222.1	1877.2
2015	57.33	11421.7	4600.3	4503.6	251.5	2066.3
2016	58.84	12363.4	5021.8	4741.3	272.1	2328.2
2017	60.24	13432.4	5498.4	5027.8	303.0	2603.2
2018	61.50	14617.0	5996.1	5358.4	342.1	2920.5
2019	62.71	16021.0	6583.5	5762.2	377.3	3297.8
2020	63.89	17131.5	6973.9	6077.4	418.8	3661.3

注：由于统计口径的变化，2013 年以前农村居民人均可支配收入由人均纯收入替代。

资料来源：2001～2021 年《中国统计年鉴》。

三、农业的弱质性

农业是自然风险和市场风险相互交织的弱势产业。农业生产者在生产经营过程中要面临自然与市场的双重风险，农业的这种弱质性对农民增收极为不利，使农民增收的不稳定性及艰难性进一步加大。首先，农业是面临自然风险比较大的产业。气温、雨量等自然条件制约着农业生产，同时，洪涝、干旱、台风等自然灾害也影响着农业产业经营的好坏。由于自然环境的变化和自然灾害的发生不受人类的控制，自然条件及年景好坏不同，必然导致农业劳动生产率的显著差别。在投入了相同数量劳动的情况下，由于自然条件不同，导致农业产出却往往差别很大，影响农民的农业收入，个别地方的农民还会因遭受自然灾害而几乎颗粒无收，甚至重返贫困。《中国统计年鉴》数据显示，2011 年全国因洪涝和干旱等自然灾害造成的直接经济损失为3096.4 亿元，农作物受灾面积 32470.5 千公顷，2015 年全国因洪涝和干旱等自然灾害造成的直接经济损失 2704.1 亿元，农作物受灾面积 21769.8 千公顷，2019 年全国因洪涝和干旱等自然灾害造成的直接经济损失高达 3270.9亿元，农作物受灾面积 22058.9 千公顷，农业生产承受自然风险成本巨大，

2020 年全国因洪涝和干旱等自然灾害造成的直接经济损失高达 3701.5 亿元，农作物受灾面积 19957.6 千公顷。[①] 其次，农业是面临市场风险大的产业。农业生产周期比较长，调整其结构、规模都需要花费较长时间，这导致农业生产对市场价格的反应具有滞后性，跟不上农产品市场价格的变化。由于市场信息的不对称以及受经济利益的驱动，农民在农产品生产中不能作出正确的决策，很多人盲目跟随，结果造成农产品供给短缺与过剩交替出现。由于农产品需求价格弹性小，导致农业出现"增产不增收"的现象。与其他产业相比，农业是弱势产业，在市场竞争中处于劣势地位。

四、农产品价格及农业生产的成本

产品销售是农民收入的主要来源，而农产品价格的上涨有益于增加农民第一产业经营收入，带动农民收入的增长。农产品价格波动对农民家庭农业生产经营收入产生很大影响。在农产品产量一定的前提下，当提高农产品的价格时，农民销售同样数量农产品的收入就会增加；相反，当降低农产品的价格时，农民销售同样数量农产品的收入就会减少。因此，农产品价格的高低是影响农民农业生产收入的主要因素之一，也是制约农民收入增长的重要因素。由图 3-5 可以看出，农产品价格（用农产品生产价格指数[②]表示）与农民收入基本变化趋势保持一致。随着社会经济的发展，农业生产使用的种子、化肥、农药等农业生产资料价格（用农业生产资料价格指数[③]表示）不断提高，伴随人工成本及土地成本不断增加，导致农业生产成本（包括物质与服务费用、人工成本）及总成本（包括生产成本、土地成本）不断加大。在农产品价格保持不变的前提下，伴随着农业生产总成本的不断增加，

---

① 相关年份《中国统计年鉴》。

② 农产品生产价格指数是反映一定时期内，农产品生产者出售农产品价格水平变动趋势及幅度的相对数。该指数可以客观反映全国农产品生产价格水平和结构变动情况，满足农业与国民经济核算需要。

③ 农业生产资料价格指数，指反映一定时期内农业生产资料价格变动趋势和程度的相对数，其是一个关于农业投入的综合指数，包含小农具、饲料、幼禽家畜、半机械化农具、机械化农具、化学肥料、农药及农药械、农机用油、其他农业生产资料、农业生产服务十个大类。

导致农民从事农业生产的净利润微薄甚至为负，大大降低了农民从事农业生产的积极性，也对农民的收入增长产生显著的不良影响。以三种粮食（稻谷、小麦及玉米）为例，表 3 – 12 数据显示，2007～2014 年三种粮食（稻谷、小麦及玉米）每 50 千克平均售价不断上升，从 2007 年的 78.82 元上升到 2014 年的 124.38 元，7 年间三种粮食每 50 千克平均出售价格总共上涨了 45.51 元，平均每年上涨了 6.50 元，即每千克平均上涨了 0.13 元，上升幅度很小。2014 年三种粮食（稻谷、小麦及玉米）每 50 千克平均售价为 124.38 元，到 2019 年下降到 109.40 元，基本呈现不断下降趋势，2020 年略有回升，上升到 122.50 元；而三种粮食（稻谷、小麦及玉米）每 50 千克的生产成本由 2007 年的 47.25 元上涨到 2013 年的 93.10 元，2014 年有所下降，随后呈现上升—下降—上升—下降变化态势，2018 年最高达到 94.50 元。自 2013 年以来，三种粮食（稻谷、小麦及玉米）每 50 千克的生产成本基本保持在 90 元左右。农业生产总成本由 2007 年的 56.91 元上升到 2013 年的 113.09 元，2014 年较 2013 年下降了 1.72 元，自 2014 年以来，农业生产总成本在 111.37～119.00 元波动，变化不大。近几年来，由于三种粮食（稻谷、小麦及玉米）价格偏低，农业生产成本相对较高，导致三种粮食（稻谷、小麦及玉米）生产的净利润为负或只有微薄的盈利，严重制约了农民收入的快速增长。

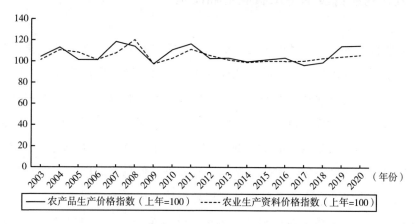

图 3 – 5 农产品生产价格指数及农业生产资料价格指数

资料来源：2004～2021 年《中国统计年鉴》。

表 3 – 12　　　　　　　　三种粮食每 50 千克平均出售价格与成本　　　　单位：元

年份	平均出售价	总成本	生产成本	净利润
2007	78.82	56.91	47.25	21.91
2008	83.54	62.75	51.63	20.79
2009	91.32	69.16	55.96	22.16
2010	103.78	77.58	62.21	26.20
2011	115.42	87.64	71.05	27.78
2012	119.86	101.59	83.56	18.27
2013	121.13	113.09	93.10	8.04
2014	124.38	111.37	90.12	13.01
2015	116.28	114.23	91.41	2.05
2016	111.60	112.90	93.20	– 1.30
2017	108.40	117.00	90.40	– 8.60
2018	109.70	119.00	94.50	– 9.30
2019	109.40	112.50	88.90	– 3.10
2020	122.50	117.50	92.50	5.00

资料来源：2008～2021 年《中国农村统计年鉴》。

五、农业科技水平及农业基础设施

农业科技是农村经济增长的发动机，是农业发展的关键，也是提高农民收入最重要的因素之一。提高农业技术水平，可以减少劳动的投入，提高粮食的单产，促进农业劳动力的转移，增加农民的农业收入以及收入来源，从而促进农民收入增长。目前，我国农业科技水平和科技贡献率低，不仅成为中国农业整体素质难以提高的瓶颈，而且也直接影响农民收入水平的提高。当今世界已进入知识经济时代，基因工程育种、信息互联网、精准农业、设施农业、生态农业和农产品精深加工等高新技术成果的广泛应用，正在引起农业相关产业乃至整个经济与社会的历史性变革。[1] 在这一背景下，加大农

---

① 谷德平，王丽钦，危春平. 影响我国农民增收的主要因素及促进增收可行性对策 [J]. 安徽农业科学，2010（17）：9263 – 9265.

业科技投入，大力促进农业科技水平的提升，才能实现我国农业的快速发展，农民收入的稳步增长。农业基础设施是农业发展的先行资本，只有不断完善农业基础设施，才有助于农业现代化的实现。农业基础设施的完善和发展，对于促进农业、农村发展具有重要意义，不但有助于提高粮食安全保障水平，加强防灾减灾能力，有助于改善农村民生，而且能够缩小城乡差距和增加农民收入，从而更好地解决"三农"问题。近年来，在各级政府的支持下，加大了对农业的投入力度，加快了农业基础设施建设，取得了重大成效。但目前仍然存在农业基础设施建设资金投入比较少，结构不合理及多头管理等问题，导致农业基础设施建设仍比较落后。部分地区农田水利设施陈旧老化，地方政府财力不足，无力对水利工程进行投资改造，陈旧老化的农田基础设施无法满足新时代农业发展的实际需求，对农民增收起到了抑制作用。先进的水利建设，能够增加有效灌溉面积，有效灌溉面积增加有利于提高农业生产能力，同时还可以节约农户的投入成本，有力支撑粮食总产量的增加。粮食总产量的增加对农民收入尤其是家庭经营收入增长具有重要影响。

六、农村社会保障

农村社会保障是国家为了保持经济发展和社会稳定，改善和提高全体农民的物质生活水平，由国家依法建立、政府主导的各种具有经济福利性的保障农民基本生活的一种社会保障制度。农村社会保障是农村风险管理机制的基本形式，对农民个人来说，它是一种风险分散和转移机制，是农民生存和生活的"安全网"。建立农村社会保障制度，既可以缓解城乡收入差距扩大的矛盾，又可以有效增加农村消费需求，是提高农民收入最直接、最有效、最有力的办法，更是解决农民"老有所养、病有所医"问题的有效途径。[①]改革开放40多年，我国经济增长较快，整体经济水平不断提高，农民收入

---

① 张秀生，马晓鸣. 农村社会保障与农民收入增长的互动作用分析 [J]. 商业时代，2009 (8)：10－11.

也不断增加，然而城乡发展不平衡不充分特别是城乡居民收入绝对差距不断逐步扩大，和农民息息相关的社会保障水平提高缓慢，很大程度上阻碍了农民收入水平的进一步提高。建立健全我国农村社会保障体系，能够有效促进农村居民收入增长，为"三农"问题的妥善解决提供条件。作为公共福利的一部分，社会保障一方面能够减少居民对未来风险的不确定性；另一方面能够对国民收入进行再分配，从而缩小城乡居民收入差距。就目前而言，我国城镇职工社会保障制度已经基本健全，医疗保险、养老保险、失业保险、生育保险等工作都有效进行，医疗救助支出比重也逐年增加。[①] 自 2009 年起，我国推行新型农村社会养老保险（新农保）并开始实施试点，新农保最大的特点是采取个人缴费、集体补助和政府补贴相结合的三个筹资渠道，它的基本原则是"保基本、广覆盖、有弹性、可持续"。新农保规定，对未享受过城镇职工基本养老保险待遇，且年满 60 周岁农村户籍老年人，不需要像其他群体一样缴费，可直接按月领取基础养老金，不同的年龄段养老金不一样，但都是 100 元左右，和城镇居民相比还处于很低的水平，对农民减少对未来支出的不确定性帮助不大，不利于农民减少储蓄，增加消费。而且由于老年人收入不多，子女就得为老人的健康增加存款，也不利于年轻人放开消费。[②] 目前，我国新型农村合作医疗（新农合）的覆盖率已经达到99% 以上，但新农合的人均补助水平仍然还是比较低；农村最低生活保障、农村社会救助虽然发展历程比较长，仍然存在保障水平不高、覆盖面比较窄等问题，而农村社会福利制度尚不规范，资金投入方面捉襟见肘，没有形成完整的管理制度和体系。总体来说，我国农村社会保障项目并不完善，农村社会福利水平非常低，同时已有项目的保障支出水平相对较低，没有一个健全的管理体制来对农村社会保障工作的具体实施进行监督管理。滞后的农村社会保障建设，一方面影响了我国农村剩余劳动力向城镇的转移；另一方面也不利于农村居民对土地经营权流转的参与度，很大程度上抑制了我国农村经济发展方式的转变，同时也限制了我国农村居民收入的快速增长。

---

① 龙健. 农村社会保障制度对农民收入影响研究 ［D］. 湘潭：湘潭大学，2014.

② 夏文明. 台州农民收入增加的制约性因素研究 ［J］. 现代园艺，2020（7）：205－206.

七、农业组织化程度及农业现代化水平

农业经济的发展离不开农业产业化，农业产业化是促进农业发展的重要途径，是协调农业、农村、农民三者关系的重要纽带。而农业产业化发展同时离不开农业组织化，农业组织化的主体是农民，农民与农民加强合作，形成自己的组织。1978 年以来，我国农业实行以家庭承包经营为基础、统分结合的双层经营体制的基本经营制度，虽然能在一定程度上提高农民的积极性，起到促进生产的作用。但是，由于我国农业生产效率低下以及农民市场信息的缺失，从而导致农民收入水平提高不明显。我国加入 WTO 后，农业就要面对国际市场的竞争。我国农业基础薄弱，生产效率较低，农业产业结构急需优化，农业组织程度低下，不仅不利于市场农业的发展，而且会使得进入国际市场的信息成本、生产成本、交易成本提高，这样我国农业将会面临国际市场的巨大挑战，失去市场竞争力。理论与实践证明，农业组织化是解决"三农"问题和增强农业国际竞争力的重中之重，合作经济组织是发展农村生产和农民持续增收的一条有效途径，农业组织化的落后是我国农业产业化现代化滞缓的重要原因。[①] 提升农业的生产组织化，不仅可以促进农业生产规模的扩大，而且可以促进农业生产专业水平的提升，促进农业现代化的实现。目前，我国农业生产仍然是以分散的小农户经营为主，由于市场需求信息传递滞后，农民生产经营决策带有很大的随意性，往往会出现难卖甚至卖不出去的问题。分散的小农户经营，导致农民在市场上没有规模分量，缺乏讨价还价的能力；在农产品质量安全问题上，无法做到种、养、管统一的全方位的监管。在农业科技进步方面，无法实施机械化、精准化的生产，无法有效推广农业科技技术，这不利于规模化、专业化、集约化的现代农业发展。因此，为了应对国际市场竞争，就必须把我国农业生产中分散的小农户重新再次组织起来。2021 年中央一号文件《中共中央 国务院关于全面推进乡村振兴加快农业农村现代化的意见》明确指出发展高效、高质量的县

---

① 石洁. 农业组织化程度对农业产业化发展影响研究 [D]. 南京：南京林业大学，2014.

域经济，充分发挥其连接城市、服务乡村的重要作用，这一举措也是深入挖掘地方特色优势资源、延伸产业链的重要环节，更是全面推进乡村振兴、促进小农户组织化发展的一项基础环节。提高农业组织化，建立农业专业合作组织，促进农业规模效益，提高农产品质量安全，推动农业结构调整、增加农业收入。随着社会经济的不断发展，人们的消费需求也会不断发生变化，由初级农产品向加工农产品转变。面对这样的状况，加工过的农产品价格则会不断提升，而初级农产品价格增长幅度将会下降。现阶段，由于广大农民生产缺乏有效的组织管理，根本没有与农产品加工企业联系的意识或是途径，加之很多农产品生产企业缺乏科学、规范的利益机制，农民很难从加工过程中获益，这无疑会对农民增收产生极为不利的影响。①

---

① 牛映龙. 新时期影响农民增收的制约因素分析 [J]. 中国集体经济，2017 (32)：1-2.

第四章

我国农村公共产品的供给

第一节　我国农村公共产品供给的现状

伴随着我国经济的较快增长，国家加大了农村公共产品的投资力度，农村公共产品供给总量不断增加，供给质量逐年提升，农村公共产品供给成效显著。

一、农村基础设施供给的现状

农村基础设施是为发展农村生产和保证农民生活而提供的公共服务设施的总称，是农村公共产品的重要组成部分，加快补上农村基础设施的短板，对于乡村振兴战略的实施具有重大意义。经过"十一五""十二五""十三五"的大力发展，我国农村基础设施建设取得了巨大的成就。

（一）农村交通设施建设

乡村振兴交通先行。交通是经济发展的大动脉，农村交通设施是发展农村经济的重要基础设施，也是实施乡村振兴战略的先行要素。近年来，中央和各级政府加大了农村公路建设的投资力度，我国农村公路建设布局日益完善。2015～2020年，我国农村公路建设里程整体呈现增长态势。2015～2020年农村公路里程分别为398.06万千米、395.98万千米、400.93万千米、

403.97 万千米、420.05 万千米、438.23 万千米。截至 2020 年末，我国农村公路里程比上年末增加 18.18 万千米，其中县道里程 66.14 万千米、乡道里程 123.85 万千米、村道里程 248.24 万千米。[①] 2018 年末，通硬化路乡镇和建制村分别达到 99.6% 和 99.5%。截至 2019 年底，全国农村公路里程已达 420 万千米，实现具备条件的乡镇和建制村 100% 通硬化路。2020 年末，全国累计完成新改建农村公路 26.9 万千米，新增 29 个乡镇和 1146 个建制村通客车，基本实现了具备条件的乡镇和建制村 100% 通硬化路、100% 通客车的目标，农村公路等级率达到 93.04%，基本形成了遍布农村、连接城乡的农村公路网络。截至 2020 年 9 月，"十三五"期间，全国累计完成新改建农村公路 138.8 万千米，农村公路总里程达到 420 万千米，占公路总里程的 83.8%。解决了 246 个乡镇、3.3 万个建制村通硬化路难题，新增 1121 个乡镇、3.35 万个建制村通客车。[②]

根据交通运输部数据，2015～2020 年我国农村公路建设投资额分别为 3227 亿元、3659 亿元、4731 亿元、4986 亿元、4663 亿元、4703 亿元。2015～2018 年我国农村公路建设投资额逐年增长，2019 年我国农村公路建设投资额自 2015 年首次出现下降，结合 2015～2019 年我国农村公路里程逐年增长情况，反映出现阶段我国农村公路建设投资效率有所提高。2020 年农村公路完成 4703 亿元的投资额，增长 0.8%。截至 2020 年 11 月，交通运输部下达三批 2020 年度农村公路建设专项固定资产投资计划，涉及投资金额高达 430.53 亿元。

（二）农村水利设施建设

水是生命之源、生产之要，农村水利更是农村经济的命脉。农村水利基础设施建设是保证农业生产、农村地区经济和社会稳定的重要保障，对农民生活水平的提升起到积极作用。特别是随着社会生产力的发展，对水资源的

---

① 2015～2020 年《交通运输行业发展统计公报》。
② 交通运输部. 我国农村公路总里程超四百万公里 农村"出行难"成为历史［N］. 经济日报，2020－10－22.

高效利用已经成为可持续发展的关键内容，加强水利基础设施建设服务能够为农村地区可持续发展提供有效的支持，通过提升建设水平和服务质量，推动农业生产和农民生活水平的提升。[①] 图 4－1 描述了我国 2010～2019 年农村水电建设本年完成投资额。由图 4－1 数据显示，2010～2019 年我国水电建设完成投资额分别为 439.85 亿元、424.40 亿元、367.15 亿元、345.7 亿元、317.13 亿元、308.27 亿元、249.39 亿元、199.99 亿元、100.09 亿元、70.98 亿元。自 2010 年以来，我国农村水电建设投资额持续不断下降。2019 年我国农村水电建设完成投资额与 2018 年相比，减少了 29.11 亿元，下降 29.08%，与 2010 年相比，减少了 368.87 亿元，仅占 2010 年我国农村水电建设完成投资额的 9.32%，2010 年是 2019 年的 6.2 倍。

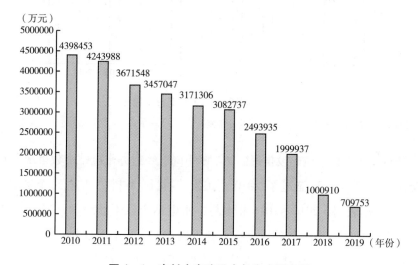

图 4－1　农村水电建设本年完成投资额

资料来源：根据国家统计局发布的数据整理而得。

　　图 4－2 描述了 2010～2020 年我国农村用电量情况。由图 4－2 数据显示，2019 年农村用电量为 9482.9 亿千瓦时，较 2018 年增加了 124.4 亿千瓦时，2020 年农村用电量达到 9717.2 亿千瓦时，比 2019 年增加了 234.3 亿千瓦时，农村用电量大幅度增长。2020 年 6 月完成"三区三州"、抵边村寨农

---

① 袁海江，俞文虎. 关于加强农村水利基础设施建设服务的思考 [J]. 科技风，2020 (29)：118－119.

村电网改造升级攻坚。各省（区、市）农村电网供电可靠率均超过 99.8%，综合电压合格率超过 97.9%，户均配变容量超过 2 千伏安。农村供电服务水平显著提升，改善了群众生产生活用电条件，为乡村新业态发展提供了坚实的电力保障。

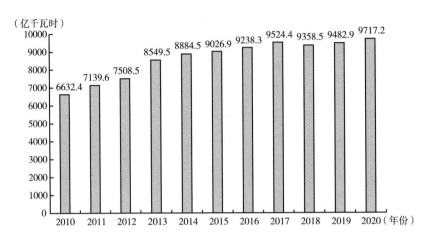

图 4 - 2　2010～2020 年农村用电量

资料来源：2011～2021 年《中国农村统计年鉴》。

随着我国农村水电建设投资额的不断下降，乡村办水电站个数呈现上升一下降态势。图 4 - 3 描述了 2010～2020 年我国乡村办水电站个数情况。图 4 - 3 数据表明，2010～2016 年乡村办水电站个数不断增加，2016 年增加到 47529 个，达到最多，随后呈现不断下降趋势。《中国农村统计年鉴》数据显示，2019 年我国乡村办水电站个数为 45445 个，较 2018 年减少了 1070个，2020 年乡村办水电站个数为 43957，较 2019 年减少了 1488 个。

虽然乡村办水电站数量近几年来呈现下降态势，但村办水电站装机容量则不断增加。2014 年我国乡村办水电站装机容量为 7322.1 万千瓦，2015 年中国乡村办水电站装机容量 7583.0 万千瓦，2016 年中国乡村办水电站装机容量为 7791.1 万千瓦，2017 年中国乡村办水电站装机容量 7926.9 万千瓦，2018 年为 8043.5 万千瓦，2019 年为 8144.2 万千瓦，较 2018 年增加了100.67 万千瓦。2019 年，全国已建成农村水电站 45445 座，装机容量 8144.2万千瓦，占全国水电装机容量的 22.9%，年发电量 2533.2 亿千瓦时，占全国水电发电量 19.5%。2019 年灌区有效灌溉面积 3350.1 万公顷，水库 98112 座，水库库容量 8983 亿立方米，节水灌溉面积 3705.9 万公顷。① 2019 年，中央对大中型灌排工程建设与灌区节水进行改造，投资资金 86 亿元，重点中型灌区节水改造 63.5 亿元，高效节水灌溉等农田水利建设 79.6 亿元。全年新增耕地灌溉面积 780 千公顷，新增节水灌溉面积 1076 千公顷，新增高效节水灌溉面积 756 千公顷。② 2020 年我国水利投资 4543.2 亿元，全国已建成农村水电站 43957 座，装机容量 8133.8 万千瓦，节水灌溉面积 3779.6 万公顷，灌区有效灌溉面积 3363.8 万公顷。③

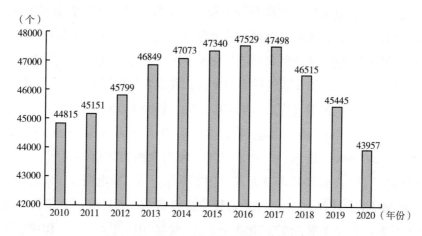

图 4 - 3　2010~2020 年乡村办水电站个数

注：2008 年起乡村办水电站统计口径变更为农村水电。农村水电是指装机容量 5 万千瓦及以下水电站和配套电网。

资料来源：2011~2021 年《中国农村统计年鉴》。

改革开放以来，我国政府十分重视农村饮水工程建设，并加大农村饮水工程建设的投入力度。2019 年，我国农村饮水安全巩固提升工程完成投资 619.6 亿元，其中中央补助资金 121.7 亿元。截至 2020 年底，各地共完成投资 2093 亿元，提升 2.7 亿农村人口供水保障水平，其中解决了 1710 万贫困人口饮水安全、1095 万农村人口饮水型氟超标及苦咸水问题。全国农村集中

---

① 2015~2020 年《中国农村统计年鉴》。

② 2019 年《全国水利发展统计公报》。

③ 2020 年《全国水利发展统计公报》。

供水率达到88%，自来水普及率达到83%。万人工程水源保护区全面划定，农村供水保障程度得到显著提升。[1]

（三）农村电网改造与建设

农村电网是重要的农村基础设施，对农村电网进行改造与建设，能够改善农民的生产与生活条件，促进农村经济的发展和消费升级，为打赢脱贫攻坚战和实施乡村振兴战略提供重要的硬件支持。"十一五"期间，国家大力推进农村电网建设与改造"户户通电"工程、新农村电气化建设、农电企业规范化管理、农电队伍素质提升等工程。为了落实"三新"农电发展战略，国家电网公司累计投入农村电网改造资金3075亿元，为134.1万户508.9万人解决了用电问题，建成新农村电气化县407个、电气化乡（镇）4991个、电气化村90053个。由于政府的大力支持，我国农村电网改造升级工程进展十分顺利。南方电网累计完成投资691亿元，解决了206个行政村、43.8万户无电人口用电问题，供电区域内乡、村、户通电率分别为100%、99.98%、99.76%，广东、广西、贵州、海南全面实现电网覆盖范围内的"户户通电"。[2] 截至2012年3月底，国家累计下达国家电网公司农村电网改造升级工程投资计划1504亿元，累计完成投资763.3亿元，共建设与改造110千伏变电站390座、线路7050千米。[3] 截至2015年6月底，国家电网公司供电区域内全面完成无电地区电力建设，实现了"户户通电"，工程累计完成投资381亿元，为1971.7万户无电户、749.5万无电人口解决了通电问题。2017年底完成"农村机井通电""小城镇中心村农网改造升级""贫困村通动力电"新一轮农网改造升级三大攻坚任务，其中小城镇中心村农网改造升级工程涉及30个省（区、市）的7.8万个村，惠及农村居民1.6亿人；农村机井通电工程为160万个机井通了电，涉及全国17个省（区、市）和新疆生产建设兵团的1万多个乡镇；贫困村通动力电工程为3.3万个自然村

① 李锐. 让贫困人口喝上安全水 [N]. 农民日报，2021-01-26.
② 王晔. 财政分权视角下农村公共产品有效供给研究 [D]. 北京：中国农业大学，2015.
③ 张强. 第三届中国国际生物质能源展览会暨沼气产业化论坛成功举办 [J]. 农业工程，2012 (5)：87-88.

通了动力电，惠及贫困村居民约 800 万人。① 2019 年底，农村电气化率为 18% 左右，比 2012 年提高 7 个百分点；电冰箱、洗衣机利用率明显提高，空调保有量是 2012 年的 2 倍以上。2019 年，国家电网、南方电网供电区域农网供电可靠率分别达到 99.81% 和 99.82%。2016～2019 年，农网改造升级总投资约 8300 亿元，其中中央预算内投资 435 亿元，带动企业资金、银行资金以及地方财政资金等投入约 7870 亿元。② 2016～2019 年，国家电网公司累计安排农网改造升级投资 6459 亿元，南方电网公司累计安排农网改造升级投资 1520 亿元。

（四）农村信息网络建设

农村信息网络设施建设既是乡村振兴战略必不可少的要素，又是农村文化建设的渠道，也是农村居民生活的新活力。通过网络平台，不仅可以使农产品供给国内大市场消费，增加农民收入，同时也可以满足农民的多元化消费。自 2015 年起，工业和信息化部联合财政部组织实施了 6 批电信普遍服务试点，支持 13 万个行政村通光纤和 5 万个 4G 基站建设，并优先支持"三区三州"等深度贫困地区加快网络覆盖和普及应用，全国行政村通光纤和通 4G 比例双双超过 98%，保障农村群众的上网用网需求。中央财政和基础电信企业投资累计超过 500 亿元，支持全国 13 万个行政村光纤建设以及 3.6 万个基站建设。③ 2015 年，农村宽带接入用户数 6398 万户，到 2020 年 9 月，农村宽带接入用户数达到 13873 万户，比 2018 年末净增 488 万户，比上年同期增 8%。全国行政村通宽带比例达到 98%，农村宽带接入户数占全国的比例提升至 29.1%，农村互联网普及率明显提升。广播电视重点惠民工程深入实施，农村地区广播电视基础设施建设和升级改造持续推进。国家广播电视总局发布的《2019 年全国广播电视行业统计公报》显示，截至 2019 年底，农村广播节目综合人口覆盖率 98.84%，农村电视节目综合人口覆盖率

---

① 乔琦. 电能替代为乡村电气化加速［J］. 中国电力企业管理，2019（17）：19 - 20.

② 路郑. 国家能源局：今年我国将完成新一轮农网改造升级［N］. 中国能源报，2019 - 07 - 08.

③ 余娜. 政企累计投资超 500 亿元　工信部三举措推进网络提速降［N］. 中国工业报，2019 - 05 - 22.

99.19%，其中，农村有线广播电视实际用户数 0.73 亿户，直播卫星公共服务有效覆盖全国 59.5 万个行政村 1.43 亿用户。乡村广播电视网络基本实现全覆盖，基本实现农村广播电视。① 《2020 年全国广播电视行业统计公报》显示，截至 2020 年底，全国广播节目综合人口覆盖率 99.38%，电视节目综合人口覆盖率 99.59%，分别比 2019 年提高了 0.25 个和 0.20 个百分点。农村广播节目综合人口覆盖率 99.17%，农村电视节目综合人口覆盖率 99.45%，分别比 2019 年提高了 0.33 个和 0.26 个百分点。农村有线广播电视实际用户数 0.71 亿户，在有线网络未通达的农村地区直播卫星用户 1.47 亿户，同比增长 2.80%，农村广播电视网络基础设施持续改善。② 中国互联网络信息中心（CNNIC）发布的第 47 次《中国互联网络发展状况统计报告》显示，近年来，网络扶贫行动向纵深发展取得实质性进展，并带动边远贫困地区非网民加速转化。在网络覆盖方面，贫困地区通信"最后一公里"被打通，截至 2020 年 11 月，贫困村通光纤比例达 98%。在农村电商方面，电子商务进农村实现对 832 个贫困县全覆盖，支持贫困地区发展"互联网 +"新业态新模式，增强贫困地区的造血功能。在网络扶智方面，学校联网加快、在线教育加速推广，全国中小学（含教学点）互联网接入率达 99.7%，持续激发贫困群众自我发展的内生动力。在信息服务方面，远程医疗实现国家级贫困县县级医院全覆盖，全国行政村基础金融服务覆盖率达 99.2%，网络扶贫信息服务体系基本建立。③ 中国互联网络信息中心发布的第 48 次《中国互联网络发展状况统计报告》显示，截至 2021 年 6 月，我国农村网民规模为 2.97 亿人，农村地区互联网普及率为 59.2%，行政村通光纤和 4G 的比例均超过了 99%，农村和城市"同网同速"，城乡数字鸿沟明显缩小。④

---

① 2019 年全国广播电视行业统计公报 ［EB/OL］. 国家广播电视总局网站，http：//www. nrta. gov. cn/art/2020/7/8/art_113_52026. html，2020 – 07 – 08.

② 2020 年全国广播电视行业统计公报 ［EB/OL］. 国家广播电视总局网站，http：//www. nrta. gov. cn/art/2021/4/19/art_113_55837. html，2021 – 04 – 19.

③ 第 47 次中国互联网络发展状况统计报告 ［EB/OL］. 中国网信网，http：//www. cac. gov. cn/2021 – 02/03/c_1613923423079314. htm，2021 – 02 – 03.

④ 第 48 次中国互联网络发展状况统计报告 ［EB/OL］. 中国互联网络信息中心，http：//www. cnnic. net. cn/hlwfzyj/hlwxzbg/hlwtjbg/202108/P020210827326243065642. pdf，2021 – 08 – 27.

（五）农业机械化水平

农业机械化是指利用机械化设备替代人力、畜力进行农业生产。农业机械化作为农业现代化的重要组成部分，在农业发展的过程中，不仅能够促进农业经济效益的增长，而且也能够有效促进农业的发展，提升农村居民的收入水平，带动农村经济的发展。自2004年以来，中央一号文件每年都聚焦"三农"，都提出要加快农业机械化的发展，对农业机械化给予了强有力的支持。尤其是随着2004年《农业机械化促进法》颁布和农机具购置补贴政策的实施，我国农业机械化发展速度明显加快，农机作业水平明显提高，农业生产迈入了机械作业为主的新阶段。[①] 表4－1数据显示，我国农业机械总动力从2005年的6.84亿千瓦增长到2015年的11.17亿千瓦，2016年较2015年农业机械总动力下降了约2亿千瓦，而总动力下降的主要原因是小型农机具保有量有所减少。自2016年以来，我国农业机械总动力不断增长，2019年达到10.28亿千瓦，其中大中型拖拉机、小型拖拉机、大中型拖拉配套农具、小型拖拉机配套农具、联合收割机、机动脱粒机、节水灌溉类机械等主要农业机械与设备使用情况为：2005年大中型拖拉机为139.6万台，2019年增加到443.9万台，增加了304.3万台；2005年小型拖拉机为1526.9万台，2019年增加到1780.4万台，增加了253.5万台；2005年大中型拖拉机配套农具为226.2万部，2019年增加到436.5万部，增加了210.3万部；2005年小型拖拉机配套农具为2465.0万部，2019年减少到0万部，减少了2465.0万部；2005年联合收割机为48.0万台，2019年增加到2212.8万台，增加了2164.8万台；2005年机动脱粒机为926.2万台，2019年增加到1050.0万台，增加了123.8万台；2005年节水灌溉类机械为111.3万套，2019年增加到248.8万套，增加了137.5万套。全国农作物耕种收综合机械化率不断提高，2004年农业综合机械化率为34%，2015年为63.82%，2016年为65.19%，2017年为67.23%，2018年为69.1%，2019年为70%，农业

[①] 张桃林副部长在省级农机化管理干部高级研修班开班式上的讲话［EB/OL］. http://www. njhs. moa. gov. cn/nyjxhqk/202011/t20201125_6357037. htm. 2020－11－25.

综合机械化率从 2004 年 34% 提高到 2019 年 70%，提高了 36%，而 2019 年全国农作物耕种收综合机械化率比 2018 年提高了 6.18%。先进的农机工具的使用，不仅增加了农村居民的经济效益和收入，而且加快了我国现代化农业的进程。2018 年 12 月 30 日国务院印发《关于加快推进农业机械化和农机装备产业转型升级的指导意见》提出，力争到 2025 年全国农机总动力稳定在 11 亿千瓦左右。全国农作物耕种收综合机械化率达到 75%，粮棉油糖主产县（市、区）基本实现农业机械化，丘陵山区县（市、区）农作物耕种收综合机械化率达到 55%，设施农业、畜牧养殖、水产养殖和农产品初加工机械化率总体达到 50% 左右。[①]

表 4 - 1 主要农业机械拥有量

项目	2005 年	2010 年	2014 年	2015 年	2016 年	2017 年	2018 年	2019 年
农业机械总动力合计（亿千瓦）	6.84	9.28	10.81	11.17	9.72	9.88	10.04	10.28
大中型拖拉机（万台）	139.6	392.2	568.0	607.3	645.4	670.1	422.0	443.9
小型拖拉机（万台）	1526.9	1785.8	1729.8	1703.0	1671.6	1634.2	1818.3	1780.4
大中型拖拉配套农具（万部）	226.2	612.9	889.6	962.0	1028.1	1070.0	422.6	436.5
小型拖拉机配套农具（万部）	2465.0	2992.5	3053.6	3041.5	2994.0	2931.4		
农用排灌电动机（万台）	921.5	1176.2	1287.3	1303.0	1313.9	1316.3		
农用排灌柴油机（万台）	809.9	946.3	936.1	939.9	940.8	930.2		

---

① 关于加快推进农业机械化和农机装备产业转型升级的指导意见 [EB/OL]. 中华人民共和国中央人民政府网，http://www.gov.cn/zhengce/content/2018 - 12/29/content_5353308.htm, 2018 - 12 - 29。

续表

项目	2005 年	2010 年	2014 年	2015 年	2016 年	2017 年	2018 年	2019 年
联合收割机 （万台）	48.0	99.2	158.5	173.9	190.2	198.5	205.9	2212.8
机动脱粒机 （万台）	926.2	1016.8	1049.0	1061.8	1063.8	1041.0	1039.5	1050.0
机电井 （万眼）	476.3	458.2	4739.4	483.2	487.2	496.0	510.1	511.7
节水灌溉类 机械（万套）	111.3	154.1	210.7	222.9	226.0	228.7	240.2	248.8
农用水泵 （万台）	1719.4	2108.8	2224.5	2249.2	2241.3	2232.7	2289.2	2304.3

注：2018 年，农业农村部根据工业和信息化部标准对拖拉机的分类重新定义，把大中型拖拉机和小型拖拉机的分类标准由发动机功率 14.7 千瓦改为 22.1 千瓦，大中型拖拉机配套农具口径改为"与 58.8 千瓦及以上拖拉机配套"。同时，取消小型拖拉机配套农具和农用排灌机相关指标，故该表中未列出。

资料来源：2006 年《中国农村统计年鉴》及 2011～2020 年《中国农村统计年鉴》。

二、农村义务教育供给的现状

随着社会发展以及经济的快速增长，各级政府和教育主管部门对农村义务教育的重视程度以及建设力度逐步加大，农村义务教育的面貌发生了巨大的变化，农村义务教育事业取得了长足的发展。

（一）农村义务教育办学条件逐步改善

长期以来，"乡村弱"是我国义务教育面临的现实问题。为了补齐农村教育的短板，"十三五"期间，国家加大教育投入，着力提升农村学校和薄弱学校办学水平，截至 2019 年底，全国 30.9 万所义务教育学校（含教学点）办学条件达到基本要求，占义务教育学校总数的 99.8%，全国 2600 多个县的近 22 万所学校条件得到明显的改善。① 2010 年全国农村普通中小学校舍建筑面积为 38697.88 万平方米，2019 年增加到 300768.32 万平方米，增加了 262070.44 万平方米，增长了 683.05%。2019 年新增校舍面积 1682.54 万平方米，小学生、初中生生均校舍建筑面积分别从 2010 年的 6.56 平方米、14.00 平方米增加到 2019 年的 11.25 平方米、18.45 平方米。农村中、小学学校数分别由 2010 年的 28707 所、210894 所减少到 2019 年的 14477 所、88631 所。② 由表 4 - 2、表 4 - 3 可以看出，2010 ~ 2019 年我国农村义务教育阶段农村中小学每千在校学生计算机台数不断增加，实验室、微机室、图书室、语音室、体育馆分别占校舍建筑面积比重逐年增加，危房率逐年下降。2019 年农村中学体育运动场（馆）面积达标学校比例为 94.84%，体育器械配备达标学校比例为 97.28%，音乐器材配备达标学校比例为 97.22%，美术器材配备达标学校比例为 96.74%，理科实验仪器达标学校比例为 97.02%，接入互联网的校数比例为 99.38%，小学体育运动场（馆）面积达标学校比例为 90.65%，体育器械配备达标学校比例为 94.96%，音乐器材配备达标学校比例为 94.71%，美术器材配备达标学校比例为 94.49%，教学自然实验仪器达标学校比例为 94.35%，接入互联网的校数比例为 98.04%，③ 各项比例比上年均有提高。《全国教育事业发展情况》数据显示，2010 年农村小学生均仪器设备值为 305 元，农村初中生均仪器设备值为 528 元；到 2020 年，农村小学生均仪器设备值为 1652 元，初中生均仪器设备值为 2541 元，农村义务教育阶段教学仪器设备配置水平大幅度提升。④ 总体上来说，农村中小学校的办学条件大大改善，硬件设施逐步完善，为义务教育发展均衡创建提供了基础保障。

---

① 着力提升农村学校和薄弱学校办学水平　义务教育均衡发展巩固提高［EB/OL］. 中华人民共和国教育部网站，http：//www. moe. gov. cn/jyb_xwfb/s5147/202101/t20210127_511247. html，2021 - 01 - 27.
② 相关年份《中国教育统计年鉴》。
③ 2019 年《中国教育统计年鉴》。
④ 相关年份《全国教育事业发展情况》。

表 4 – 2   2010～2019 年农村初中办学条件

年份	教室面积占校舍建筑面积的比重（%）	实验室面积占校舍建筑面积的比重（%）	图书室面积占校舍建筑面积的比重（%）	微机室面积占校舍建筑面积的比重（%）	语音室面积占校舍建筑面积的比重（%）	体育馆面积占校舍建筑面积的比重（%）	危房率（%）	千人计算机台数（台）
2010	29.63	5.26	1.72	1.94	0.61	0.33	14.09	68.02
2011	30.74	5.32	1.81	1.98	0.55	0.36	11.42	91.14
2012	30.51	5.40	1.87	1.96	0.55	0.38	8.15	108.38
2013	29.85	5.42	1.88	1.94	0.54	0.45	5.89	132.08
2014	29.06	5.52	2.00	1.89	0.53	0.46	4.00	135.33
2015	28.41	5.63	2.04	1.87	0.52	0.48	2.50	165.84
2016	27.62	5.92	2.17	1.91	0.57	0.58	1.48	188.72
2017	26.46	6.13	2.18	1.87	0.55	0.62	0.97	206.10
2018	26.17	6.16	2.24	1.85	0.55	0.71	0.54	211.91
2019	25.91	6.13	2.26	1.81	0.56	0.75	0.43	214.91

资料来源：2010～2019 年《中国教育统计年鉴》。

表 4 – 3   2010～2019 年农村小学办学条件

年份	教室面积占校舍建筑面积的比重（%）	实验室面积占校舍建筑面积的比重（%）	图书室面积占校舍建筑面积的比重（%）	微机室面积占校舍建筑面积的比重（%）	语音室面积占校舍建筑面积的比重（%）	体育馆面积占校舍建筑面积的比重（%）	危房率（%）	千人计算机台数（台）
2010	50.05	2.46	2.33	1.69	0.35	0.36	14.38	28.76
2011	51.77	2.61	2.49	1.71	0.33	0.27	11.42	37.86
2012	51.03	2.75	2.52	1.76	0.37	0.20	10.31	47.82
2013	49.68	2.85	2.58	1.82	0.38	0.25	7.53	63.63
2014	47.83	2.9	2.70	1.92	0.42	0.26	5.04	79.01
2015	46.52	3.10	2.83	2.04	0.43	0.26	2.93	93.93
2016	44.53	3.4	3.07	2.27	0.50	0.31	1.79	113.66
2017	42.95	3.54	3.26	2.47	0.53	0.31	1.17	137.13
2018	42.08	3.62	3.28	2.54	0.54	0.34	0.61	154.13
2019	41.20	3.70	3.30	2.54	0.54	0.36	0.48	164.70

资料来源：2010～2019 年《中国教育统计年鉴》。

（二）经费投入力度不断加大

随着义务教育新政策的实施，各级政府加大义务教育经费的投入，义务教育经费投入总量逐年增加。2016 年全国义务教育经费总投入为 17603 亿元，2017 年为 19358 亿元，2018 年为 20858 亿元，2019 年为 22780 亿元，2020 年总投入达到 24295 亿元，2020 年比 2019 年增长 6.55%。①表 4-4 数据显示，2010 年我国农村普通小学、普通初中生均公共财政预算公用经费支出分别为 862.08 元、1348.43 元，2020 年分别增加到 2586.72 元、3633.56 元，分别是 2010 年 3.00 倍、2.69 倍；2010 年农村普通小学、普通初中生均公共财政预算教育事业费支出分别为 3802.91 元、4896.38 元，2020 年分别增加到 11178.71 元、15112.10 元，分别是 2010 年的 2.94 倍、3.09 倍。全国公共财政预算教育经费占公共财政支出的比例由 2010 年的 15.76% 下降到 2020 年 14.78%，但全国公共财政预算教育经费总支出从 2010 年的 14670.07 亿元增加到 2020 年 42908.15 亿元，2020 年比 2019 年增长 7.15%。2010 年国家财政性教育经费占国内生产总值比例为 3.66%，2020 年增加到 4.22%，其中 2012 年最高达到 4.28%。自 2012 年以来，国家财政性教育经费占国内生产总值比例超过 4.0%。教育部发布的《2020 年全国教育经费执行情况统计快报》数据显示，2020 年全国教育经费总投入为 53014 亿元，其中国家财政性教育经费为 42891 亿元，教育经费总投入在义务教育阶段的分配额为 24295 亿元，占比高达 45.83%。②我国农村义务教育阶段教育经费持续稳步增长，大大改善了乡村学校基础设施的建设，对促进城乡义务教育均衡发展起到了关键作用。

---

① 2016～2020 年《全国教育经费统计快报》。

② 2020 年全国教育经费执行情况统计快报 [EB/OL]. 中华人民共和国教育部网站，http：//www.moe.gov.cn/jyb_xwfb/gzdt_gzdt/s5987/202104/t20210427_528812.html，2021-04-27.

表 4 - 4　　　　　　2010～2019 年公共财政预算经费支出

年份	农村初中生均教育事业费（元）	农村小学生均教育事业费（元）	农村初中生均公用经费（元）	农村小学生均公用经费（元）	全国公共财政预算教育经费占公共财政支出的比例（%）	国家财政性教育经费占国内生产总值比例（%）	全国公共财政预算教育经费（亿元）
2010	4896.38	3802.91	1348.43	862.08	15.76	3.66	14670.07
2011	6207.10	4764.65	1956.66	1282.91	16.31	3.93	18586.70
2012	7906.61	6017.58	2602.13	1743.41	16.13	4.28	22236.23
2013	9195.77	6854.96	2968.37	1973.53	15.27	4.16	24488.22
2014	9711.82	7403.91	2915.31	2102.09	14.87	4.15	26420.58
2015	11348.79	8576.75	3093.82	2245.30	14.70	4.26	29221.45
2016	12477.35	9246.00	3257.19	2402.18	14.70	4.22	31396.25
2017	13447.08	9768.57	3406.72	2495.84	14.75	4.14	34207.75
2018	13912.37	10102.94	3460.77	2545.54	14.48	4.11	36990.00
2019	14542.23	10681.34	3513.97	2548.73	14.51	4.04	40046.55
2020	15112.10	11178.71	3633.56	2586.72	14.78	4.22	42908.15

资料来源：2010～2020 年《全国教育经费执行情况统计公告》。

（三）农村义务教育阶段师资力量不断强化

教育事业的进步和发展离不开教师素养的提高。人才培养，关键在教师。自义务教育法实施以来，我国农村义务教育得到了极大的发展，教师素质得到很大提高。从教师职称来看，表 4 - 5 数据显示，农村普通小学专任教师中，中学高级职称教师占比由 2010 年的 0.75% 提升到 2018 年的 4.57%，未评职称的教师占比逐年增加，2019 年达到 15.66%。2019 年副高级及以上职称教师占比为 7.47%，中级职称教师占比 42.86%，助理级职称教师占比为 29.84%，员级职称教师占比为 4.17%。总体上来看，小学一级及以上职称的教师占比超过 70%。表 4 - 6 数据显示，农村普通初中 2010～2018 年专任教师中，中学高级职称教师占比逐年上升，2018 年达到

16.86%，中学一级教师占比基本维持 40% 左右，变化不大，中学二级、中学三级教师占比逐年下降，未评职称占比为逐年上升，2019 年达到 12.76%，中学二级及以上职称的教师占比超过 80%。2019 年副高级及以上职称教师占比为 18.02%，中级职称教师占比 38.11%，助理级职称教师占比为 28.08%，员级职称教师占比为 2.14%。总体上来看，农村中小学具有中高级职称的教师占比大，职称结构较为合理。从教师学历来看，农村普通小学研究生毕业、本科生毕业的教师占比逐年上升，2019 年二者之和占比高达 46.47%，比 2010 年高出 31.25%；专科毕业、高中阶段毕业、高中阶段毕业以下教师占比逐年下降。表 4-6 数据显示，农村普通初中研究生毕业、本科生毕业的教师占比逐年上升，2019 年二者之和占比高达 81.53%，比 2010 年高出 26.71%；专科毕业、高中阶段毕业、高中阶段毕业以下教师占比逐年下降，这表明我国农村中小学师资力量比较雄厚，教师整体素质大幅提升。

表 4-5　　　　**2010～2019 年农村普通小学教师职称、学历情况**　　　单位：%

	2010 年	2011 年	2012 年	2013 年	2014 年	2015 年	2016 年	2017 年	2018 年	2019 年
中学高级	0.75	1.26	1.21	1.34	1.44	1.60	1.95	2.79	4.57	
小学高级	49.41	49.47	49.51	49.42	48.79	48.08	47.29	44.31	41.41	
小学一级	38.21	37.28	36.90	36.01	35.42	35.14	34.56	33.33	31.67	
小学二级	4.73	4.67	4.34	4.11	4.09	4.23	4.58	5.97	6.65	
小学三级	0.32	0.28	0.20	0.21	0.21	0.22	0.35	0.55	0.57	
未评职称	6.58	7.04	7.84	8.91	10.05	10.72	11.27	13.05	15.12	15.66
研究生毕业	0.03	0.06	0.08	0.10	0.14	0.18	0.21	0.28	0.31	0.37
本科毕业	15.19	17.68	20.90	24.87	28.92	32.96	37.27	42.23	46.16	49.28
专科毕业	55.94	56.04	56.15	55.23	54.53	53.34	51.58	49.17	47.11	45.14
高中阶段毕业	28.12	25.74	22.52	19.47	16.17	13.34	10.81	8.24	6.35	5.15
高中阶段毕业以下	0.72	0.48	0.35	0.33	0.24	0.18	0.13	0.08	0.07	0.07

资料来源：2010～2019 年《中国教育统计年鉴》。

表 4 - 6　　　　　　2010～2019 年农村初中专任教师职称、学历情况　　　　单位:%

	2010 年	2011 年	2012 年	2013 年	2014 年	2015 年	2016 年	2017 年	2018 年	2019 年
中学高级	8.92	9.13	10.32	11.40	12.28	13.35	14.84	16.07	16.86	
中学一级	40.02	39.84	40.11	40.52	40.75	40.99	40.26	39.60	38.50	
中学二级	38.92	39.16	38.54	37.23	36.06	34.92	34.00	32.34	30.50	
中学三级	4.46	3.99	3.14	2.57	2.26	1.93	1.68	1.49	1.38	
未评职称	7.68	7.88	7.91	8.28	8.65	8.81	9.22	10.50	12.76	13.65
研究生毕业	0.20	0.30	0.31	0.41	0.50	0.66	0.73	0.92	1.05	1.26
本科毕业	54.62	58.42	62.29	65.65	68.96	71.92	74.46	77.46	79.10	80.27
专科毕业	43.23	39.61	36.03	32.76	29.72	26.84	24.39	21.33	19.62	18.22
高中阶段毕业	1.91	1.64	1.34	1.15	0.78	0.56	0.41	0.28	0.22	0.20
高中阶段毕业以下	0.04	0.03	0.03	0.03	0.03	0.02	0.01	0.01	0.01	0.004

资料来源: 2010～2019 年《中国教育统计年鉴》。

(四) 学生营养改善计划成效显著

为贯彻落实《国家中长期教育改革和发展规划纲要 (2010～2020 年)》,提高农村学生尤其是贫困地区和家庭经济困难学生健康水平,从 2011 年秋季学期起,启动实施农村义务教育学生营养改善计划。[①] 学生营养改善计划按照实名制学生信息实行"分级管理、分级负责"的原则,实行中央、省 (自治区、直辖市)、市 (地区、州、盟)、县 (市、区、旗、团场)、学校五级管理体制。营养改善计划主要采取了以下举措。第一,启动国家试点。从 2011 年秋季学期开始,在集中连片特殊贫困地区 (共 699 个县) 启动营养改善计划试点工作。中央财政为试点地区农村义务教育阶段学生提供每生每天 3 元的营养膳食补助,全年按照 200 天在校时间计算。第二,支持地方试点。对国家试点以外的地区,《关于实施农村义务教育学生营养改善计划

---

① 穆光宗. 重新认识人口增长的性质和价值 [J]. 学海, 2014 (1): 9–15.

的意见》提出，各地应以贫困地区和家庭经济困难学生为重点，因地制宜开展地方试点工作。第三，改善就餐条件。中央财政专门安排资金，改造和建设学生食堂。第四，鼓励社会参与。鼓励基层组织、企业、基金会、慈善机构积极参与农村义务教育学生营养改善计划的工作。第五，完善补助家庭经济困难寄宿学生生活费政策。①

2011 秋季至 2013 年底，中央财政共安排营养改善计划膳食补助资金 300.3 亿元，安排食堂建设资金 300 亿元，惠及 3200 万农村义务教育阶段学生。2014 年 11 月起，中央财政安排了资金 9.4 亿元，将营养改善计划国家试点地区补助标准从每日补贴 3 元提高到 4 元，寄宿生加上"一补"后达到每天 8~9 元。② 同时，中央财政对地方试点给予奖励性补助。农村义务教育学生营养改善计划实施五年来，中央财政累计安排资金 1591 亿元，用于实施营养改善计划，覆盖范围已扩大至 29 个省（区、市）（含兵团）1502 个县及 13.4 万所学校，受益学生达到 3400 多万人。全国实施了营养改善计划的县已经超过 50%，提供营养餐的义务教育学校已超过 50%，义务教育阶段享受营养膳食补助的学生接近 25%。根据中国疾病预防控制中心营养与健康所 2012~2015 年的跟踪监测表明，国家试点县中小学生贫血率降低了 8.9 个百分点，学生营养知识水平得分提高了 16.7 个百分点。③ 学生身高体重有所增长、身体素质有所改善、营养不良问题得到缓解，学生学习能力有所提高，缺课率明显下降。

截至 2020 年 5 月，全国实施营养改善计划的共有 29 个省（区、市）1762 个县，其中国家试点县 727 个，地方试点县 1035 个，实施营养改善计划的县占全国县级行政单位的 61.80%。覆盖农村义务教育阶段学校 14.57 万所，占农村义务教育阶段学校总数的 84.12%，受益学生达 4060.82 万人，占全国义务教育阶段学生总数的 27.08%，占农村义务教育阶段学生总数的

---

① 周磊，王静曦，姜博. 农村义务教育学生营养改善计划对学生健康的影响研究 [J]. 中国农村观察，2021（2）：97-114.

② 肖健. 马云与比尔盖茨比赛会花钱：为了慈善活动 [J]. 计算机与网络，2014（22）：14-15.

③ 教育部：让营养改善计划惠及更多贫困地区学生 [EB/OL]. 中华人民共和国教育部网站，http://www.gov.cn/xinwen/2016-12/27/content_5153621.htm, 2016-12-27.

42.40% 。根据中国疾病预防控制中心跟踪监测数据，2019 年，营养改善计划试点地区男、女生各年龄段平均身高比 2012 年分别提高 1.54 厘米和 1.69 厘米，平均体重分别增加 1.06 千克和 1.18 千克，高于全国农村学生平均增长速度。[①] 学生营养健康状况得到显著改善，身体素质得到明显提升。

自 2021 年秋季学期起，农村义务教育学生膳食补助标准由每生每天 4 元提高至 5 元。其中，国家试点地区所需资金继续由中央财政全额承担；地方试点地区所需资金由地方财政承担，中央财政在地方落实膳食补助标准后按照每生每天 4 元给予定额奖补。2021 年全年共安排学生营养膳食补助资金 260.34 亿元，比上年增长 12.9% 。自 2011 以来，中央财政累计安排学生营养膳食补助资金达 1967.34 亿元。[②] 农村义务教育学生营养改善计划的实施，使得农村学生营养状况得到进一步改善，学生身体素质及健康水平得到极大提升，学生营养改善计划取得了显著的成效。

（五）义务教育普及率进一步提高

随着义务教育的普及，我国义务教育阶段入学率不断提高。特别是从 2006 年开始，实施全部免除西部地区农村义务教育阶段学生学杂费以来，我国义务教育阶段在校学生总体呈现上升趋势。表 4 - 7 数据显示，2010 年我国义务教育小学学龄儿童净入学率[③]为 99.70% ，初中阶段毛入学率[④]为 100.1% ，义务教育在校生为 15220.0 万人，九年义务教育巩固率[⑤]为 90.9% 。经过 10 年的发展，2020 年我国义务教育小学学龄儿童净入学率达到 99.96% ，初中阶段毛入学率达到 102.5% ，义务教育在校生达到 15639.5 万人，九年义务教育巩固率达到 95.2% 。总之，我国义务教育成效显著。

---

① 农村义务教育学生营养改善计划实施情况总结报告 ［EB/OL］. 中华人民共和国教育部网站，http：//www. moe. gov. cn/jyb_xwfb/gzdt_gzdt/s5987/201703/t20170302_297934. html，2017 - 03 - 02.

② 关于深入实施农村义务教育学生营养改善计划的通知 ［EB/OL］. 中华人民共和国中央人民政府网站，http：//www. gov. cn/zhengce/zhengceku/2021 - 10/12/content_5641978. htm，2021 - 09 - 26.

③ 小学学龄儿童净入学率，是指小学教育在校学龄人口数占小学教育国家规定年龄组人口总数的百分比，是按各地不同入学年龄和学制分别计算的。

④ 毛入学率，是指某一级教育不分年龄的在校学生总数占该级教育国家规定年龄组人口数的百分比。由于包含非正规年龄组（低龄或超龄）学生，毛入学率可能会超过 100% 。

⑤ 九年义务教育巩固率，是指初中毕业班学生数占该年级入小学一年级时学生数的百分比。

表 4 –7   义务教育情况

年份	小学学龄儿童 净入学率 （%）	初中阶段 毛入学率 （%）	义务教育 在校生 （万人）	九年义务 教育巩固率 （%）
2010	99. 70	100. 1	15220. 0	90. 9
2011	99. 79	100. 1	14993. 2	91. 3
2012	99. 85	102. 1	14459. 0	91. 8
2013	99. 71	104. 1	13800. 6	92. 3
2014	99. 81	103. 5	13835. 7	92. 6
2015	99. 88	104. 0	14004. 2	93. 0
2016	99. 92	104. 0	14242. 4	93. 4
2017	99. 91	103. 5	14535. 8	93. 8
2018	99. 95	103. 2	14991. 9	94. 2
2019	99. 94	103. 0	15388. 3	94. 2
2020	99. 96	102. 5	15639. 5	95. 2

资料来源：2010～2019 年《中国教育统计年鉴》及 2020 年《全国教育事业发展统计公报》。

三、农村医疗卫生供给的现状

农村医疗卫生工作是我国卫生工作的重点，它不仅关系到农民的身心健康，而且也关系到乡村振兴战略目标的实现。近年来，国家不断加大农村医疗卫生的投入，大力发展农村医疗卫生服务体系，加大农村卫生服务设施的改善，提高农村居民医疗保障水平及乡村医护人员的技术水平，促进了农村医疗卫生事业的快速发展及医疗卫生水平的显著提升，大大提升了农村居民的健康获得感。

（一）农村医疗卫生投入不断加大

党的十八大以来，将加强县医院能力建设，县乡一体、乡村一体机制建设，乡村医疗卫生机构标准化建设作为三个主攻方向，强化资金投入、项目建设、人才培养，补短板、强弱项，全面改善贫困地区医疗卫生机构设施条件，提升服务能力。党的十八大以来，中央财政累计投入资金 1.4 万亿元，同口径年均增长 11.6%。支持脱贫攻坚任务重的 25 个省（区、市）卫生健康事业发展，对贫困地区医疗卫生建设项目实行应纳全纳，累计安排 1700多亿元，支持贫困地区 15 万多个基础设施的项目建设。① 2013～2019 年，全国财政医疗卫生事业累计支出约 9.1 万亿元，年均增长 10.6%，比同期全国财政支出增幅 9.3% 高出 1.3 个百分点，财政卫生健康支出占财政支出的比重由 6.6% 提高到 7.0%。政府责任的落实和财政投入的不断增长，推动我国医疗卫生事业取得了长足发展，农村医疗服务质量和水平继续提升，农村居民健康水平得到进一步提高。《2020 年我国卫生健康事业发展统计公报》数据显示，2020 年全国卫生总费用达到 72306.4 亿元，其中，政府卫生支出21998.3 亿元，社会卫生支出 30252.8 亿元，个人卫生支出 20055.3 亿元，政府卫生支出、社会卫生支出、个人卫生支出分别占卫生总费用的比重为30.42%、41.84%、27.74%，全国人均卫生总费用为 5146.4 元，卫生总费用占 GDP 的比重为 7.12%。与 2000 年相比较，卫生总费用增加了 67719.77亿元，增长了 14.76 倍，平均每年增长了 14.78%，其中政府卫生支出增加21288.78 亿元，增长了 30.00 倍，平均每年增长了 18.73%，政府卫生支出占比由 2000 年的 15.47% 提高到 2020 年的 30.42%。② 表 4－8 的数据显示，自 2000 年以来，伴随着我国卫生总费用支出的加大，农村卫生总费用支出也不断增加，2000 年农村卫生总费用支出为 1962.39 亿元，2020 年增加到17136.62 亿元，增加了 15174.23 亿元；2000 年农村人均医疗卫生费用为214.7 元，2020 年增加到 3360.7 元，③ 增加了 3146 元，总体呈现不断上升趋势。

---

① 中华人民共和国中央人民政府. 国务院新闻办就推进健康扶贫和医保扶贫、确保贫困人口基本医疗有保障有关情况举行发布会［EB/OL］. http://www.gov.cn/xinwen/2020－11/21/content_5563199. htm.

② 相关年份《我国卫生健康事业发展统计公报》。

③ 2017～2020 年农村卫生总费用采用线性回归推算得出。

表 4 - 8 农村医疗卫生费用

年份	农村医疗卫生总费用（亿元）	农村人均医疗卫生费用（元）	全国人均医疗卫生费用（元）	政府医疗卫生总费用占全国卫生总费用的比重（%）	卫生总费用占GDP的比重（%）
2000	1962.39	214.7	361.9	15.47	4.57
2001	2232.98	244.8	393.8	15.93	4.53
2002	2341.79	259.3	450.7	15.69	4.76
2003	2433.78	274.7	509.5	16.96	4.79
2004	2651.08	301.6	583.9	17.04	4.69
2005	2354.34	315.8	662.3	17.93	4.62
2006	2668.61	361.9	748.8	18.07	4.49
2007	2605.27	358.1	876.0	22.31	4.29
2008	3283.50	455.2	1094.5	24.73	4.55
2009	4006.31	562.0	1314.3	27.46	5.03
2010	4471.77	666.3	1490.1	28.69	4.85
2011	5774.04	879.4	1807.0	30.66	4.99
2012	6838.54	1064.8	2076.7	29.99	5.22
2013	8024.00	1274.4	2327.4	30.10	5.34
2014	8736.80	1412.2	2581.7	29.96	5.49
2015	9676.79	1603.6	2980.8	30.45	5.95
2016	10886.87	1846.1	3351.7	30.01	6.21
2017	12623.60	2189.3	3783.8	28.91	6.32
2018	13919.60	2468.0	4237.0	27.74	6.43
2019	15584.66	2825.3	4702.6	27.36	6.64
2020	17136.62	3360.7	5146.4	30.42	7.12

资料来源：2001～2020 年《中国卫生健康统计年鉴》及 2020 年《我国卫生健康事业发展统计公报》。

（二）不断加强农村医疗卫生人才队伍的建设

党的十八大以来，国家为了提高农村医疗卫生服务的水平，采取了一系列优惠政策加大农村医疗卫生人才的引进，人才引进优惠政策主要有：一是适当放宽贫困地区县乡村三级医疗卫生机构公开招聘人才的年龄、学历等招聘条件；二是引导乡村医生参加乡村全科执业助理医师资格考试；三是允许医学专业高校毕业生免试申请乡村医生执业注册；四是全面实施全科医生特岗计划，特岗计划中央财政按照每人每年五万元安排专项补助，累计为贫困地区招聘了 3000 名全科医生。倾斜实施农村订单定向医学生免费培养项目，中央财政按照每人每年 8000 元的标准进行补助，累计为贫困地区培养了 5.6 万余名本科定向医学生。[①] 在医疗资源下沉方面，全国 1007 家城市三级医院累计选派近 10 万人，在 832 个贫困县的县医院进行蹲点帮扶。贫困地区市县级医疗机构累计选派了近 10 万人，支持乡镇卫生院和村卫生室。[②]《2020 年我国卫生健康事业发展统计公报》显示，2020 年末，全国卫生人员总数达 1347.5 万人，其中卫生技术人员 1067.8 万人，乡村医生和卫生员 79.2 万人，其他技术人员 53.0 万人，管理人员 56.1 万人及工勤技能人员 91.1 万人。卫生技术人员中，执业（助理）医师 408.6 万人，注册护士 470.9 万人。全国卫生人员比 2019 年增加了 54.7 万人，增长了 4.2%，其中卫生技术人员比 2019 年增加了 52.4 万人，增长了 5.16%。[③] 表 4-9 数据显示，我国农村卫生技术人员总数及每千农村人口卫生技术人员呈现不断增加趋势。2010 年执业（助理）医师 1261156 人，执业医师 911253 人，注册护士 847728 人，药师（士）184726 人，技师（士）163280 人。经过 9 年的发展，到 2019 年执业（助理）医师增加到 1821246 人，比 2010 年增加 560090 人，增长了 44.41%；执业医师增加到 1305035 人，相比 2010 年增加 393782 人，增长了 43.21%；注册护士增加到 1680977 人，比 2010 年增加 833249 人，增长了 98.29%；药师（士）增加到 225714 人，比 2010 年增加 40988 人，增长了 22.19%；技师（士）增加到 247710 人，比 2010 年增加 84430 人，增长了 51.71%。每千农村人口卫生技术人员、每千农村人口执业（助

---

① 中华人民共和国中央人民政府. 国务院新闻办就推进健康扶贫和医保扶贫、确保贫困人口基本医疗有保障有关情况举行发布会［EB/OL］. http://www.gov.cn/xinwen/2020 – 11/21/content_5563199.htm.

② 李文. 健康扶贫进展与成就［J］. 中国卫生人才，2021（1）：52 – 53.

③ 2020 年《我国卫生健康事业发展统计公报》。

理）医师及每千农村人口注册护士分别由 2010 年的 3.04 人、1.32 人、0.89 人增加到 2019 年的 4.98 人、1.96 人、1.99 人，分别增加了 1.94 人、0.64 人、1.1 人，分别增长了 63.52%、48.48%、123.60%。伴随着我国城镇化进程的不断加快以及受乡镇合并等因素的影响，农村人口占全国人口比重逐步下降，乡村医生和卫生员人数由 2010 年的 1091863 人减少到 2019 年的 842302 人，总体呈现减少趋势，但农村医疗卫生技术人员总体呈现不断增加趋势。

表 4-9　　　　　农村卫生技术人员及每千农村人口卫生技术人员　　　　单位：人

年份	执业（助理）医师	执业医师	注册护士	药师（士）	技师（士）	每千农村人口卫生技术人员	每千农村人口执业（助理）医师	每千农村人口注册护士	乡村医生和卫生员
2010	1261156	911253	847728	184726	163280	3.04	1.32	0.89	1091863
2011	1275487	919204	939818	189478	168611	3.09	1.33	0.98	1126443
2012	1347714	963838	1047086	193098	175276	3.41	1.40	1.09	1094419
2013	1434636	1024362	1179208	199803	187136	3.64	1.48	1.22	1081063
2014	1460827	1044095	1266777	204389	195383	3.77	1.51	1.31	1058182
2015	1501505	1077304	1348634	206826	202574	3.90	1.55	1.39	1031525
2016	1543329	1114044	1444147	211085	211436	4.08	1.61	1.50	1000324
2017	1611920	1170079	1559655	214758	222557	4.28	1.68	1.62	968611
2018	1699752	1234155	1680977	220976	234765	4.63	1.82	1.80	907098
2019	1821246	1305035	1841787	225714	247710	4.98	1.96	1.99	842302

资料来源：2011~2020 年《中国农村统计年鉴》及 2011~2020 年《中国卫生健康统计年鉴》。

从 2018 年开始，为了提升基层医疗卫生人才的能力，国家加大对乡镇卫生院和社区卫生服务中心医师、护士、管理人员、乡村医生等开展实用技能的培训。截至 2020 年，中央财政累计投入 10.2 亿元，累计培训基层卫生人员超过 50 万人，乡镇卫生技术人员学历及职称大大提升。《中国卫生健康统计年鉴》数据显示，2010 年末农村乡镇卫生技术人员学历结构：研究生占 0.1%、大学本科占 5.6%、大专占 33.9%、中专占 52.2%、高中及以下占 8.3%；专业技术资格结构：正高占 0.0%、副高占 0.8%、中级占

14.5%、师级（助理）占37.9%、士级占2%、不详占10.8%；聘任技术职务结构：正高占0.0%、副高占0.8%、中级占14.5%、师级（助理）占37.9%、士级占38.6%、待聘占8.2%。2019年末农村乡镇卫生技术人员学历结构：研究生占0.1%、大学本科占17.3%、大专占43.4%、中专占36.6%、高中及以下占2.7%；专业技术资格结构：正高占0.2%、副高占2.5%、中级占13.7%、师级（助理）占30.5%、士级占43.1%、不详占10.0%；聘任技术职务结构：正高占0.1%、副高占2.3%、中级占14.1%、师级（助理）占32.2%、士级占40.3%、待聘占10.9%。经过9年的发展，2019年乡镇卫生院大专及以上学历人员比重从2010年的39.6%提高到60.8%。①

（三）农村医疗卫生服务体系不断完善

2020年中央一号文件《中共中央 国务院关于抓好"三农"领域重点工作确保如期实现全面小康的意见》指出，加强农村基层医疗卫生服务。乡村公共卫生体系是保障亿万农民群众健康生活，提升其获得感、幸福感和安全感的基础性工程，是抗击公共卫生突发事件的基层堡垒。② 各地应结合推进乡村振兴战略，以疫情防治为切入点，加大人才支撑，运用网络载体，夯实保障力量，尽快加强乡村人居环境整治和公共卫生体系建设。由于国家对健康卫生事业的投入增长，自2015年以来，我国基层医疗卫生机构数量呈逐年上涨趋势。表4-10及图4-4数据显示，2020年全国基层医疗卫生机构970036个，与2019年相比增加了15634个，同比增长1.64%。在基层医疗卫生机构中，社区卫生服务中心（站）35365个，较2019年增加381个，占基层医疗卫生机构的3.65%；乡镇卫生院35762个，较2019减少350个，占基层医疗卫生机构的3.69%；诊所和医务室259833个，较2019年增加18840个，占基层医疗卫生机构的26.79%；村卫生室608828个，较2019减少7266万个，占基层医疗卫生机构的62.77%，设卫生室的村占行政村数

---

① 相关年份《中国卫生健康统计年鉴》。
② 刘昂. 系统提升乡村治理现代化水平［J］. 群众，2020（18）：48-49.

的比例达到100%，政府办基层医疗卫生机构 2018 年底达到 121918 个，农村居民在破解"看病难、看病贵"方面取得显著进展，农村医疗卫生服务的可及性和普及程度大大提高。

表 4 - 10　　　　　　　2015～2020 年全国基层医疗卫生机构数

年份	基层医疗卫生机构（个）	社区卫生服务中心（站）	乡镇卫生院（个）	诊所和医务室（个）	村卫生室（个）	设卫生室的村占行政村数（%）
2015	920770	34321	36817	195290	640536	93.3
2016	926518	34327	36795	201408	638763	92.9
2017	933024	34652	36551	211572	632057	92.8
2018	943639	34997	36461	228019	622001	94.0
2019	954390	35013	36112	240993	616094	100.0
2020	970036	35365	35762	259833	608828	100.0

资料来源：2015～2020 年《我国卫生健康事业发展统计公报》及 2016～2021 年《中国农村统计年鉴》。

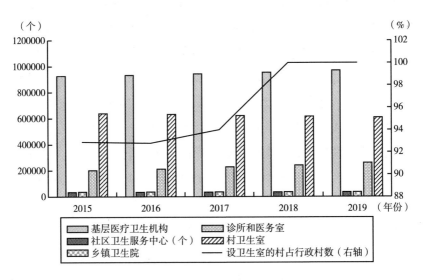

图 4 - 4　2015～2020 年全国基层医疗卫生机构数

资料来源：2015～2020 年《我国卫生健康事业发展统计公报》及 2016～2021 年《中国农村统计年鉴》。

（四）大力改善农村医疗卫生基础设施

伴随着国家对基层医疗卫生机构财政投入力度的加大，农村医疗卫生基础设施得到了明显的改善，大大提升了农村居民对基层医疗卫生机构的信心和满意程度。农村基层医疗卫生机构也能够对常见病、多发病和慢性病进行治疗，这不仅方便了农民就医，而且也提高了乡镇卫生院的收入。如表 4 – 11 所示，从选取的医疗机构数、床位数、每千农村人口医疗卫生机构床位数、每千农村人口乡镇卫生院床位数、乡（镇）卫生院床位数及万元以上设备数等指标来看，除医疗机构数指标外，其余五指标均呈现上涨的趋势。由于我国城镇化水平不断提升，部分农村人口变成城镇人口，原先部分农村医疗机构就变成城镇医疗机构，导致我国农村医疗机构个数减少。2019 年末，我国农村医疗机构 795534 个，床位数达到 4455416 张，其中乡（镇）卫生院床位数 1369914 张，每千农村人口医疗卫生机构床位数为 4.81 张，每千农村人口乡镇卫生院床位数为 1.48 张，万元以上设备 581308 台。与 2010 年相比较，农村医疗机构数减少 8928 个，减少 1.11%，床位数增加了 1970882 张，增长 79.33%，其中乡镇卫生院床位数增加 375585 张，增长 37.77%，每千农村人口医疗卫生机构床位数增加 2.21 张，增长 85%，其中每千农村人口乡镇卫生院床位数增加 0.44 张，增长 42.31%，万元以上设备增加 306586 台，增长 111.60%。总之，随着我国经济的高质量发展，农村医疗卫生设施大大改善，我国农村居民医疗卫生水平显著提高。

表 4 – 11　　　　　　　　农村医疗机构数、床位数及设备台数

年份	农村医疗机构数（个）	床位数（张）	每千农村人口医疗卫生机构床位数（张）	每千农村人口乡镇卫生院床位数（张）	乡（镇）卫生院床位数（张）	万元以上设备数（台）
2010	804462	2484534	2.60	1.04	994329	274722
2011	819548	2684667	2.80	1.16	1026251	289181
2012	811262	2991372	3.11	1.14	1099262	310295
2013	824380	3233426	3.35	1.18	1136492	335476
2014	825176	3431334	3.54	1.20	1167245	363219

年份	农村医疗机构数（个）	床位数（张）	每千农村人口医疗卫生机构床位数（张）	每千农村人口乡镇卫生院床位数（张）	乡（镇）卫生院床位数（张）	万元以上设备数（台）
2015	818044	3597020	3.71	1.24	1196122	394490
2016	810862	3755497	3.91	1.27	1223891	430690
2017	804666	4018228	4.19	1.35	1292076	478379
2018	801359	4262661	4.56	1.46	1333909	523929
2019	795534	4455416	4.81	1.48	1369914	581308

注：表中万元以上设备数农村选取乡镇卫生院的设备数来替代。

资料来源：2011～2021年《中国农村统计年鉴》及2011～2020年《中国卫生健康统计年鉴》。

（五）新型农村合作医疗制度的实施情况

新型农村合作医疗制度是由政府组织、引导、支持，农民自愿参加，个人、集体和政府多方筹资，以大病统筹为主的农民医疗互助共济制度。其采取个人缴费、集体扶持和政府资助的方式筹集资金。自2003年新农合在农村开始实施以来，覆盖面逐渐扩大，发展至今，在促进农村居民及时就医、减轻医疗负担等方面起到积极作用，农村地区农民"就医难"以及"就医贵"等问题得到了有效的遏制，大大满足了农民的医疗保障需求，农民身体状况整体上得到了很大的提升。表4－12列举了我国新农合2004～2018年参合总人数、参合率、人均筹资金额、当年基金支出、补偿受益人数的相关数据。由表4－12可知，2004～2010年，参合人数逐年增加，自2010年以后，由于部分城市统一实行城乡居民基本医保制度，参合人数有所减少，2018年减少到1.3亿人，补偿受益人次由2004年的0.76亿人次上升到2013年的19.42亿人次，随后下降到2018年的2.21亿人次，新农合的参合率提高到99.45%，与2004年相比，新农合的参合率提高了24.25%，人均筹资由2004年的50.4元增加到2018年的654.6元，是2004年的12.99倍，2018年新农合基金支出839亿元，是2004年的31.78倍，以上数据表明我国新农合发展迅速，新农合覆盖率已达99%以上，已经基本实现了全覆盖。2019年，全国医疗救助基金支出502.2亿元，资助8751万人参加基本医疗保险，实施门诊和住院救助 7050 万人次，全国平均次均住院救助、门诊救助分别为 1123 元、93 元。2019 年中央财政投入医疗救助补助资金 245 亿元，安排 40 亿元补助资金专项用于支持深度贫困地区提高贫困人口医疗保障水平。[①]《2020 年医疗保障事业发展统计快报》显示，2020 年中央财政投入医疗救助补助资金 260 亿元，比 2019 年增长 6%，另外安排 40 亿元补助资金专门用于提高 "三区三州" 等深度贫困地区农村贫困人口医疗保障水平，安排 15 亿元特殊转移支付医疗救助补助资金。2018 年以来各项医保扶贫政策累计惠及贫困人口就医 5.3 亿人次，助力近 1000 万户因病致贫家庭精准脱贫。2019 年居民医保人均财政补贴规范增加 30 元，这样每人每年补贴不低于 520 元，这些新增补贴普遍用于提高大病保险的保障能力，[②] 同时大病保险在 2018 年人均筹资标准基础上增加 15 元，2020 年居民医保和基本公共卫生服务经费人均财政补助标准分别再增加 30 元和 5 元，达到每人每年 580 元，新农合在不断地完善与发展，由此可见此制度已为中国特色医疗保险贡献了显著力量，同时提高了农村居民的健康水平，推动了农村经济的发展。

表 4-12　　　　　　　2010～2019 年我国新型农村合作医疗情况

年份	参加新农合人数（亿人）	参合率（%）	人均筹资（元）	当年基金支出（亿元）	补偿受益人次（亿人次）
2004	0.80	75.20	50.40	26.40	0.76
2005	1.79	75.70	42.10	61.80	1.22
2006	4.10	80.70	52.10	155.80	2.72
2007	7.26	86.20	58.90	346.60	4.53
2008	8.15	91.53	96.30	662.31	5.85
2009	8.33	94.19	113.36	922.92	7.59
2010	8.36	96.00	156.57	1187.84	10.87

---

① 郑功成. 社会保障：中国减贫事业的长久制度保障 [J]. 中国社会保障, 2020（10）：18-19.

② 李姝荟，李姝熠，张洋，等. 新医改环境下新型农村合作医疗制度的发展现状及对策研究 [J]. 中国市场, 2020（8）：74, 79.

年份	参加新农合人数（亿人）	参合率（%）	人均筹资（元）	当年基金支出（亿元）	补偿受益人次（亿人次）
2011	8.32	97.50	246.21	1710.19	13.15
2012	8.05	98.26	308.50	2408.00	17.45
2013	8.02	98.70	370.59	2909.20	19.42
2014	7.36	98.90	410.89	2890.40	16.52
2015	6.70	98.80	490.30	2933.41	16.53
2016	2.75	99.36	559.00	1363.64	6.57
2017	1.33	99.40	613.46	754.22	2.52
2018	1.30	99.45	654.60	839.00	2.21

注：部分城市统一实行城乡居民基本医保制度，参合人数有所减少。

资料来源：2010～2018年《我国卫生健康事业发展统计公报》、2005～2019年《中国卫生健康统计年鉴》及EPS（economy prediction system，EPS）统计平台。

四、农村社会保障供给的现状

农村社会保障是指国家、社会为农村居民所提供的社会性援助措施的总称。农村社会保障主要由农村养老保险、农村社会救助、农村社会福利等因素组成，其中农村社会养老保险是农村社会保障的核心内容。

（一）农村养老保险

改革开放以后，国家逐步探索新形势下的农村养老保险模式。1992年1月，民政部发布《县级农村社会养老保险基本方案（试行）》，主要保险对象是乡镇企业职工、私营企业职工、农村个体户、农村民办教师等人员，并规定外来劳务人员原则上要在其户口所在地参加养老保险。1995年10月，国务院办公厅转发民政部《关于进一步做好农村社会养老保险工作的意见》，提出逐步引导农民参加养老保险制度（后来被称为旧农保）。[①] 2008年，党

---

① 孔祥智. 全面小康视域下的农村公共产品供给［J］. 中国人民大学学报，2020，34（6）：14 - 28.

的十七届三中全会通过的《中共中央关于推进农村改革发展若干重大问题的决定》中指出："按照个人缴费、集体补助、政府补贴相结合的要求，建立新型农村社会养老保险制度。"根据党的十七大和十七届三中全会精神，国务院决定从 2009 年 9 月起开展新型农村社会养老保险试点工作，印发了《国务院关于开展新型农村社会养老保险试点的指导意见》（学术界一般称为新农保），提出"保基本、广覆盖、有弹性、可持续"的基本原则，逐步解决农民的老有所养问题，统筹城乡社会保障发展。2011 年国务院启动城乡居民社会养老保险试点工作。各省（区、市）对应出台城镇和农村居民社会养老保险试点的实施意见，将新型农村社会养老保险制度和城镇居民社会养老保险制度合并实施，形成了城乡居民养老保险制度。2014 年国务院印发了《关于建立统一的城乡居民基本养老保险制度的意见》，要求在"十二五"末期，在全国基本实现新农保和城居保制度合并实施，并与职工基本养老保险制度相衔接；2020 年前，全面建成公平、统一、规范的城乡居民养老保险制度。文件明确规定了中央政府和地方政府对参保人缴费补贴的标准，极大地促进了新农保向城乡居民基本养老保险制度的过渡，也使得我国养老保障水平有了显著提升，城乡居民最低标准的基础养老金从之前的每月 55 元提高到 2018 年的每月 88 元，为农村居民的养老生活提供了基础来源和保障，进一步缩小了城乡之间的差距。[1] 截至 2019 年底，城乡居民基本养老保险参保人数 53266 万人，比 2018 年末增加 874 万人。其中，实际领取待遇人数 16032 万人。2019 年为 2529.4 万贫困人口建档立卡，为 1278.7 万低保对象、特困人员等贫困群体代缴城乡居民养老保险费近 42 亿元，为 2885.5 万贫困老人发放养老保险待遇，6693.6 万贫困人员从中受益。全国 5978 万符合条件的建档立卡贫困人员参加基本养老保险，基本实现贫困人员基本养老保险应保尽保。[2] 2020 年末城乡居民基本养老保险参保人数 54244 万人，比 2019 年末增加 978 万人。其中，实际领取待遇人数 16068 万人，各地基本上实现

---

① 孔祥智. 全面小康视域下的农村公共产品供给［J］. 中国人民大学学报，2020，34（6）：14 - 28.

② 马塞洛·阿比-拉米亚·卡埃塔诺，冯利民，朱玉坤. 国际视角看中国社会保障对减贫事业的贡献［J］. 中国社会保障，2020（10）：20 - 21.

了新农保与城乡居民基本养老保险制度的接续。2020 年农村养老保险缴费金额分别为 100 元、200 元、300 元、400 元、500 元、700 元、1000 元、1500 元、2000 元、2500 元、3000 元、3500 元、4000 元 13 个档次，对 100 元的缴费档次给予每人每年 45 元的补贴，补贴标准根据个人缴费档次升高而逐渐递增，对缴费档次 1000 元、1500 元、2000 元中任意一档的，每人每年补贴 85 元，缴费档次 2500 元、3000 元、3500 元和 4000 元中任意一档的，每人每年补贴 90 元。[①]

总体来看，新农保实施以来，尤其是城乡居民社会养老保险实现以来，参保人数大幅提升。农村居民的养老金水平得到了显著提高，从一定程度上缓解了农村居民的生活水平因年龄的增加而下降的问题，农民的养老权益得到了保障。

（二）农村社会救助

1. 农村最低生活保障

农村最低生活保障是指由地方政府为家庭人均纯收入低于当地最低生活保障标准的农村贫困群众，按最低生活保障标准，提供维持其基本生活的物质帮助。该制度是在农村特困群众定期定量生活救济制度的基础上逐步发展和完善的一项规范化的社会救助制度。农村最低生活保障是农村社会救助的重要组成部分，是农村社会保障体系的基石，是社会保障的"保底政策"，处于社会保障的最低层级。2007 年 7 月 11 日，国务院发出了《关于在全国建立农村最低生活保障制度的通知》，对符合最低生活保障标准的农村人口给予保障。2008 年 10 月 9 日，党的十七届三中全会提出，要"实现农村最低生活保障制度和扶贫开发政策有效衔接"。2012 年 9 月，国务院发布《关于进一步加强和改进最低生活保障工作的意见》，指出要科学制定最低生活保障标准，健全救助标准与物价上涨挂钩联动机制，动态、适时调整最低生活保障标准。2014 年 2 月，国务院公布的《社会救助暂行办法》规定："对

---

① 2020 年农村养老保险缴费最新标准 ［EB/OL］. http://www.baoxianzx.com/shebao/49670.html.

批准获得最低生活保障的家庭，县级人民政府民政部门按照共同生活的家庭成员人均收入低于当地最低生活保障标准的差额，按月发给最低生活保障金。"2019年12月，民政部、国家统计局联合发布《关于在脱贫攻坚中切实加强农村最低生活保障家庭经济状况评估认定工作的指导意见》，明确了农村最低生活保障家庭收入评估认定方法和指标体系，从而为脱贫攻坚和最低生活保障制度的有效衔接奠定了基础。[①] 自2007年7月国务院出台《关于在全国建立农村最低生活保障制度的通知》后，从试点到现在，我国享有农村低保人数迅速增加，补助标准不断提高。表4-13数据显示，2007年全国共有3566.3万人、1608.5万户获得了农村低保，农村最低生活补助标准为每人每月70元，农村低保资金支出299.6亿元。2020年全国有农村低保对象1985.0万户、3620.8万人。农村低保平均保障标准为每人每月496.9元，比上年增长11.7%，全年农村低保资金支出1426.3亿元。由表4-13可以看出，自2013年以来，随着我国推行实施精准化的扶贫政策，增加了农村贫困人口的就业，提高了农村贫困人口的收入，在一定程度上降低了贫困的发生率，农村低保总人数逐渐减少。同时，农村低保资金支出逐年增加，农村贫困人口逐年减少，农村最低生活保障标准及水平都有了显著提升。

表4-13　　2007~2020年全国农村最低生活保障实施情况

年份	保障人数（万人）	保障户数（万户）	资金累计支出（亿元）	农村最低生活标准（元/人×月）	农村最低生活保障补助标准（元/人×月）
2007	3566.3	1608.5	299.6	70.0	38.8
2008	4305.5	1982.2	228.7	82.3	50.4
2009	4760.0	2291.7	362.9	100.8	68.0
2010	5214.0	2528.7	445.0	117.0	74.0
2011	5305.7	2672.8	667.7	143.2	106.1
2012	5344.5	2814.9	718.0	172.8	104.0
2013	5388.0	2931.1	866.9	202.8	116.0

---

① 孔祥智. 全面小康视域下的农村公共产品供给［J］. 中国人民大学学报，2020，34（6）：14-28.

年份	保障人数（万人）	保障户数（万户）	资金累计支出（亿元）	农村最低生活标准（元/人×月）	农村最低生活保障补助标准（元/人×月）
2014	5207.2	2943.6	870.3	231.4	129.0
2015	4903.6	2846.2	931.5	264.8	147.2
2016	4586.5	2635.3	1014.5	312.0	184.3
2017	4045.2	2249.3	1051.8	358.4	216.7
2018	3519.1	1901.7	1056.9	402.8	250.3
2019	3455.4	1892.3	1127.2	444.6	271.85
2020	3620.8	1985.0	1426.3	496.9	328.27

资料来源：2008～2021 年《中国民政统计年鉴》。

2. 农村特困人员供养

农村特困人员供养是指对农村贫困居民中无劳动能力、无生活来源又无法定赡养、抚养义务人的老年人、残疾人和未满 16 周岁的未成年人进行保吃、保住、保穿、保衣、保葬的一项救济制度。1994 年国务院颁布了《农村五保供养工作条例》，该条例将"保吃、保穿、保住、保医、保葬"，以及对未成年人的"保教"确定为五保内容，同时对五保工作的对象、标准、方式、资金来源、考核管理等内容进行了统一的规范。2006 年，国务院发布了新修订的《农村五保供养工作条例》，主要对农村五保制度的资金筹集渠道进行了改革，将其纳入公共财政的范围。2016 年，民政部印发关于《特困人员认定办法》的通知，该办法指出已确定的农村五保对象，可直接认定为特困人员。供养方式包括集中供养和分散供养。[①] 2007 年全国农村五保老人得到五保救济的人数为 531.3 万人、499.2 万户，分别比上年同期增长5.5% 和 6.7%。其中集中供养 138 万人，分散供养 393.3 万人。农村五保供养资金支出为 62.7 亿元，农村五保供养平均每年支出水平为 1179.6 元/人；农村五保集中供养平均每年支出标准为 1953 元/人，农村五保分散供养平均

---

① 周莹. 精准扶贫背景下我国农村社会救助问题研究 [D]. 武汉：湖北大学, 2019.

每年支出标准为 1432 元/人。① 2020 年全国共有农村特困人员 446.3 万人，全年支出农村特困人员救助供养资金 424.0 亿元；全国共有城市特困人员 31.2 万人，全年支出城市特困人员救助供养资金 44.6 亿元。②表 4 - 14 数据显示，2007 年我国农村特困人员为 531.3 万人，2020 年减少到 446.3 万人，整体上来看呈减少的趋势。虽然农村特困人员呈减少的趋势，但其支出总额逐年增加，逐年提高农村特困人员的保障标准，也较大幅度地提升了我国农村五保供养的水平。农村五保供养在保障农村特殊困难群众基本生活方面发挥着重要作用，更是体现了党和政府对弱势群体的关心以及对他们的关爱。

表 4 - 14　　　　2007～2020 年全国农村特困人员供养情况

年份	农村特困人员供养 （万人）	支出总额 （亿元）	集中供养 （万人）	分散供养 （万人）
2007	531.3	62.7	138.0	393.3
2008	548.6	76.0	155.6	393.0
2009	553.4	88.0	171.8	381.6
2010	556.3	98.1	177.4	378.9
2011	551.0	121.7	184.5	366.5
2012	545.6	145.0	185.3	360.3
2013	537.2	172.3	183.5	353.8
2014	529.1	189.8	174.3	354.8
2015	516.7	210.0	162.3	354.4
2016	496.9	228.9	139.7	357.2
2017	466.9	269.4	99.6	367.2
2018	455.0	306.9	86.2	368.8
2019	439.1	346.0	75.0	364.1
2020	446.3	424.0	73.9	372.4

注：2014 年前农村特困人员数用五保供养人数替代。

资料来源：2007～2020 年《国家社会服务发展统计公报》及 2021 年《中国农村统计年鉴》。

---

① 中华人民共和国民政部.2007 年社会服务发展统计公报［EB/OL］. http：//www. mca. gov. cn/article/sj/tjgb/200805/200805150154119. shtml.

② 中华人民共和国民政部.2020 年社会服务发展统计公报［EB/OL］. http：//images3. mca. gov. cn/www2017/file/202109/1631265147970. pdf, 2021 - 09 - 10.

3. 农村医疗救助

农村医疗救助是政府拨款和社会各界自愿捐助等多渠道筹集资金，对患大病农村五保户及贫困农民家庭无经济能力负担相应治疗费用者而实行的医疗救助的制度，包括农村民政部门医疗救助和资助参加新型农村合作医疗。民政部门医疗救助是对因患重大疾病，无力承担高额医疗费用的贫困居民进行医疗救助，资助他们参加新型农村合作医疗，并对农村五保户、最低生活保障对象参加新型农村合作医疗给予资金补助，帮助贫困居民参加新型农村合作医疗，使更多农村居民参合。① 2007 年农村医疗救助支出 28.1 亿元，其中，资助参加新型农村合作医疗资金 4.8 亿元，大病救助资金 20.5 亿元。累计救助贫困农民 2896 万人次，其中，民政部门资助参加合作医疗 2517.3 万人次，人均资助参合水平 19.1 元；民政部门资助大病救助 377.1 万人次，人均救助水平 543 元。② 经过 13 年的发展，截至 2020 年底，资助参加医疗保险 5621.0 万人，资金支出 74.0 亿元，人均补助水平 131.6 元。实施住院和门诊医疗救助 3517.1 万人，资金支出 266.1 亿元，住院和门诊每人次平均救助水平分别为 1498.4 元和 153.2 元。③ 为决战决胜医疗保障脱贫攻坚战，2020 年累计资助 7837.2 万贫困人口（含动态调出）参加基本医疗保险，资助参保缴费支出 140.2 亿元，人均资助 178.9 元，参保率稳定在99.9% 以上。各项医保扶贫政策累计惠及贫困人口就医 1.8 亿人次，减轻贫困人口医疗费用负担 1188.3 亿元。2020 年中央财政投入医疗救助补助资金260 亿元，比 2019 年增长 6%，另外安排 40 亿元补助资金专门用于提高"三区三州"等深度贫困地区农村贫困人口医疗保障水平，安排 15 亿元特殊转移支付医疗救助补助资金。2020 年全年共实施临时救助 1380.6 万人次，其中救助非本地户籍对象 8.4 万人次。全年支出临时救助资金 165.7 亿元，

---

① 王建聪，许鑫. 公共财政视角下我国农村社会救助的完善 [J]. 财会月刊，2015（11）：76 - 80.

② 中华人民共和国民政部. 2007 年社会服务发展统计公报 [EB/OL]. http://www.mca.gov. cn/article/sj/tjgb/200805/200805150154119.shtml，2008 - 05 - 26.

③ 中华人民共和国民政部. 2020 年社会服务发展统计公报 [EB/OL]. http://www.mca.gov. cn/article/sj/tjgb/202109/20210900036577.shtml，2020 - 09 - 10.

平均救助水平 1200.3 元/人次。[1]

通过对比分析 2007 年与 2020 年的数据可以看出，经过 13 年的发展，我国医疗救助覆盖面不断扩大，医疗救助力度大幅提高，困难群众基本医疗权益得到了保障。尤其是对贫困农民在新村合与大病保险政策上的倾斜，有效化解了"因病致贫"的难题，为实现精准扶贫的战略目标提供基本保障。

（三）农村社会福利

农村社会福利是指对农村生活能力较弱的儿童、老人、母子家庭、残疾人、慢性精神病人等的社会照顾和社会服务，改善农村社会成员的物质和文化生活质量，逐步提高其生活水平，以适应新时代经济和社会发展需要。1994 年，国务院用法规和制度形式正式规范了农村福利问题。党的十六届五中全会中，更是提出了"生产发展，生活宽裕，乡风文明，村容整洁，管理民主"的社会主义新农村的建设要求。而后，在 2008 年党的十七届三中全会上，推进农村改革发展成为主要议题，农村社会福利制度构建方面的详细部署逐步出台。可以看到，新一轮的、更高层次的、更广覆盖的农村社会福利制度建设时代已经到来。[2] 随着我国经济的快速增长以及经济实力的不断增强，我国农村社会福利事业快速发展，成就显著。表 4 - 15 数据显示，2015 年全国提供住宿的各类养老服务机构和设施 11.6 万个，农村养老机构 15587 个，农村养老机构年末收养 1151825 人。全国共有社区综合服务机构和设施 36.1 万个，其中农村社区养老服务机构和设施 11.5 万个，农村社区综合服务设施覆盖率 31.8%；2020 年全国提供住宿的各类养老服务机构和设施 38158 个，农村养老机构 17153 个，农村养老机构年末收养 834132 人。全国共有社区综合服务机构和设施 51.1 万个，其中农村社区综合服务机构和设施 34.9 万个，农村社区综合服务设施覆盖率 65.7%（见图 4 - 5）。

---

[1] 国家医疗保障局. 2020 年医疗保障事业发展统计快报 [EB/OL]. https：//www. cn - healthcare. com/article/20210308/content - 552030. html，2021 - 03 - 08.

[2] 闫少卿. 我国农村社会福利法律问题研究 [D]. 重庆：重庆大学，2010.

2015～2020 年农村养老机构增加 1566 个，农村社区综合服务机构和设施增加 23.4 万个，农村社区综合服务设施覆盖率提高了 33.9%。

表 4－15　　　　　　　　　2015～2020 年服务机构和设施

年份	社区综合服务机构和设施（万个）	农村社区综合服务机构和设施（万个）	农村社区综合服务设施覆盖率（%）	全国提供住宿养老机构和设施（个）	农村养老机构数（个）	农村养老机构年末收养人数（人）
2015	36.1	11.5	31.8	116000	15587	1151825
2016	38.6	14.4	37.3	140000	15398	1132253
2017	40.7	16.6	37.3	140000	15398	1132253
2018	42.7	24.5	45.3	28671	13885	869636
2019	52.8	31.6	59.3	34369	15932	876897
2020	51.1	34.9	65.7	38158	17153	834132

注：1. 2014 年前农村特困人员数用五保供养人数替代。

2. 因统计口径调整，2018 年起农村养老机构统计范围指登记注册的农村特困人员救助供养机构。

资料来源：2015～2020 年《国家社会服务发展统计公报》及 2016～2021 年《中国农村统计年鉴》。

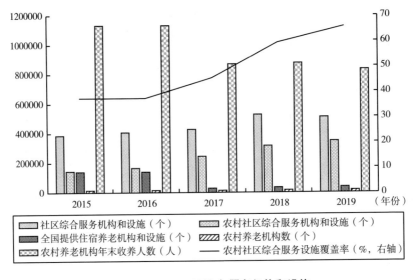

图 4－5　2015～2020 年服务机构和设施

资料来源：2015～2020 年《国家社会服务发展统计公报》及 2016～2021 年《中国农村统计年鉴》。

截至 2020 年底，全国共有 3853.7 万老年人享受老年人补贴，其中享受高龄补贴的老年人 3104.4 万人，享受护理补贴的老年人 81.3 万人，享受养老服务补贴的老年人 535.0 万人，享受综合老龄补贴的老年人 132.9 万人。全国共支出老年福利经费 385.7 亿元，养老服务经费 131.3 亿元。全国共有孤儿 19.3 万人，其中社会散居孤儿 13.4 万人，基本生活保障平均标准每人每月 1184.3 元。全国共支出儿童福利经费 68.2 亿元，其中孤儿基本生活保障经费 33.4 亿元，事实无人抚养儿童基本生活保障经费 21.8 亿元，其他儿童福利经费 13.0 亿元。全年筹集彩票公益金 444.6 亿元，其中用于社会福利 160.7 亿元，用于社会救助 10.5 亿元。全国共有困难残疾人生活补贴对象 1214.0 万人，重度残疾人护理补贴对象 1475.1 万人。全国共有经常性社会捐赠工作站点和慈善超市 1.5 万个（其中慈善超市 4655 个）。全年共有 2401.4 万人次在民政领域提供了 5741.1 万小时志愿服务。全国志愿服务信息系统中汇集的注册志愿者 1.9 亿人。全国社会组织捐赠收入 1059.1 亿元，比上年增长 21.3%。①

第二节 我国农村公共产品供给存在的问题

随着我国经济水平的不断提高，农村经济取得了喜人的成就，农村公共产品供给取得了显著的成效。与城市相比，农村公共产品供给方面仍然存在着一定的问题。

一、农村基础设施供给存在的问题

尽管农村工作取得了显著成效，但与我国提出的推进农业现代化要求相比，我国农村基础设施建设还比较落后，城乡基础设施差异明显，主要表现在以下四个方面。

---

① 中华人民共和国民政部 . 2020 年民政事业发展统计公报［EB/OL］. http：//www. mca. gov. cn/article/sj/tjgb/202109/20210900036577. shtml.

（一）农田水利基础设施建设相对滞后

目前而言，我国的农田水利设施大部分都是兴建于 20 世纪 50～70 年代，部分农田水利设备设施老化失修、设备破损且不配套，大部分的灌溉工程没有高配套设施建设。大部分的灌溉区因为当前存在盐碱化、缺水等问题，以及人们在生活和生产中缺乏对农田水利设施的保护意识，导致原有的农田水利设施出现不同程度的损坏，对发挥其本来作用有着极大限制。目前我国大部分农田水利设施，尤其小型农田水利设施，由于当时条件所限，设计标准低，配套不全，加之人们对农田水利工程设施维护和修理不重视，在长时间运作下农村水利工程有所耗损，这就造成了标准偏低的农田水利设施更严重的耗损，大多都存在着老旧失修。到目前为止，我国现有的大部分农田水利设施已经达到了工程设计年限，应该对其进行整改和翻新，这就表明相关的农田水利设备普遍出现功能退化且即将报废的情况。我国待改造的农田水利设施可以占据总数的70%，严重影响了农田的排水和灌溉能力。[①] 大型、小型水利工程都存在配套设施不完整、后续投入资金不足、大小工程老化失修等一系列问题。

（二）农业机械化发展不平衡不充分

近几年，我国农业机械水平总体不断提升。从农业机械总动力来看，2016 年农业机械总动力为9.72 亿千瓦，2020 年增加到10.56 亿千瓦，增加了0.84 亿千瓦；从全国农作物耕种收综合机械化率来看，2015 年全国农作物耕种收综合机械化率为63.82%，2020 年上升至71.25%，增长了7.43%；较 2019 年提高了1.23 个百分点，较"十二五"末提高了7.43 个百分点。以 2020 年我国农业各项机械化率为例，小麦、玉米、水稻三种农作物耕种收综合机械化率分别为97.19%、84.35%、98.76%；其中畜牧养殖、水产养殖、农产品初加工、设施农业等产业机械化率分别仅为 35.79%、

---

① 孙世豪. 我国农田水利设施建设存在的问题及对策研究 ［J］. 农村经济与科技，2020，31 (16)：56－57.

31.66%、39.19%、40.53%。[①] 以农业节水设施为例，北京、上海等发达地区，农田灌溉水有效利用系数已超过 0.73，但贵州、云南等地区农田灌溉水有效利用系数还未达到 0.5。由此可见，虽然我国农业机械化水平不断提高，但农业机械化发展总体呈现不均衡、不充分的特点。

（三）农村互联网普及率较低

中国互联网络信息中心（CNNIC）发布的第 47 次《中国互联网络发展状况统计报告》数据显示，截至 2020 年 12 月，我国农村网民规模达 3.09 亿人，占网民整体的 31.3%，城镇网民规模达 6.80 亿人，占网民整体的 68.7%，城镇网民规模是农村网络的 2.2 倍；我国城镇地区互联网普及率为 79.8%，农村地区互联网普及率为 55.9%，[②] 尽管城乡地区互联网普及率差异较 2020 年 3 月缩小 6.4 个百分点，但城镇地区网络普及率仍比农村地区高 23.9 个百分点，城乡差距仍然较大。同时，农村网民主要依靠手机来进行上网，上网设备单一，他们在单位、学校以及公共场所上网比例低于城镇，存在较大的差距。此外，村级基础金融服务覆盖率虽高达 99.9%，但覆盖方式主要是 ATM 机、POS 机、转账电话等，数字化程度仍较低，数字普惠金融信息技术基础比较薄弱。

（四）配套道路、电网设施还不够完善

由于农村覆盖面较大，人口不够集中，大部分农村的交通设施及电网设施与城市相比还比较落后。由于农村人口居住不够集中，要完全实现"村村通""屯屯通"的任务还是十分艰巨的。有部分农村道路质量较差，没有排水系统，遇到雨水充足的季节，常常因路面积水泥泞导致车辆行人无法正常通行，给当地农村居民生活带来了很大的不便，加大了农产品运输的难度，大大制约了当地经济的发展。同时，由于农村人口用电量不够集中，供电网

---

① 农业农村部农业机械化管理司.2020 年全国农业机械化发展统计公报［EB/OL］. https：// www. nongjitong. com/news/2021/494418. html.

② 第 47 次中国互联网络发展状况统计报告［EB/OL］. 中国网信网，http：//www. cac. gov. cn/ 2021－02/03/c_1613923423079314. htm, 2021－02－03.

络覆盖面积大，相应的变压器、电网规划、输送电路不够科学合理，再加上部分电力设施年久失修，即使能够正常供电，电路损耗却相当大，抑制了当地农业的生产和经济发展。[①]

二、农村义务教育供给存在的问题

随着国家对农村义务教育支持力度的加大，我国农村义务教育事业取得长足发展，城乡义务教育之间的差距逐渐缩小。但由于我国经济社会发展不平衡以及城乡二元结构等因素的影响，导致我国农村义务教育仍然存在不少问题，其主要表现在以下五个方面。

（一）农村义务教育经费投入总量不足

联合国教科文组织 2000 年曾号召各国至少应将 GDP 的 6% 用作教育经费，2004 年全世界平均教育投入占 GDP 的比重为 4.4%。虽然我国的教育经费投入有较大幅度的增长，但按照衡量教育投资规模的国际指标（即教育投资占 GDP 的比重）来看，我国直到 2012 年才实现国家财政性教育经费支出占 GDP 比重 4% 的目标（2012 年我国为 4.28%），按照世界银行的报告，目前世界平均水平约为 7% 左右，其中发达国家达到 9% 左右，与发达国家相比，我国教育投资占 GDP 的比重仍然偏低，教育经费投入水平比较低。[②] 由于我国三级教育体系中高等教育与基础教育经费投入比例的失衡，能够分配给农村义务教育经费较少，导致农村义务教育经费投入总量不足。《2019 年全国教育经费执行情况统计公报》数据显示，2019 年全国普通小学生均一般公共预算教育经费支出为 11949.08 元，普通初中生均一般公共预算教育经费支出为 17319.04 元，普通高等学校生均一般公共预算教育经费支出为 23453.39 元，而农村小学一般公共预算教育经费支出为 11126.64 元，农村

① 马胜国. 基础设施对农村经济发展的作用机制分析 [J]. 商讯，2021 (7)：139 – 140.
② 刘译婷. 我国农村义务教育经费投入的问题与对策分析 [J]. 教育财会研究，2016，27 (3)：71 – 75.

初中生均一般公共预算教育经费支出为 15196.86 元, 低于我国义务教育投入的平均水平。普通高等学校生均一般预算内教育经费支出是农村小学生均的 2.11 倍, 是农村初中的 1.54 倍。2019 年全国普通小学生均一般公共预算公用经费支出 2843.79 元, 全国普通初中生均一般公共预算公用经费支出为 4012.45 元, 全国普通高等学校生均一般公共预算公用经费支出为 9162.17 元, 而农村小学生均一般公共预算公用经费支出为 2548.75 元, 农村初中生均一般公共预算公用经费支出为 3513.97 元, 低于我国义务教育投入的平均水平。[①] 普通高等学校生均一般公共预算公用经费支出是农村小学生的 3.59 倍, 是农村初中的 2.61 倍。在全国教育经费总投入一定情况下, 分配给农村义务教育的经费较少, 导致我国农村义务教育经费投入总量仍相对不足, 不能满足农村义务教育发展的需要。

(二) 农村义务教育经费投入地区差异明显, 城乡差距较大

由于我国不同地区经济发展水平存在着较大的差异, 导致农村义务教育经费投入地区差异明显。《中国教育经费统计年鉴 (2020)》数据显示, 2019 年农村初中生均教育经费支出为 16997.00 元, 其中北京地区农村最高为 104900.32 元, 上海农村为 49572.66 元, 天津、浙江、江苏、内蒙古、西藏等地区则都超过 2 万元, 而河北、广西、河南、贵州地区农村初中生均教育经费都达不到 14000 元, 低于全国平均水平, 其中农村初中生均教育经费支出最高地区是北京, 最低地区是河南地区, 北京是河南的 8.74 倍。2019 年农村小学生均教育经费支出为 12530.84 元, 其中北京地区农村最高为 62782.25 元, 上海农村为 49572.66 元, 浙江、西藏、内蒙古、黑龙江等地区均超过 2 万元, 而河南、广西、河北、湖南地区都达不到 1 万元, 其中农村小学生均教育经费支出最高的地区是北京, 最低的地区是河南, 北京是河南的 7.58 倍。可见, 我国农村义务教育经费投入地区差异明显, 上海、北京等地区明显高于河南等地区。

---

① 中华人民共和国教育部 . 2019 年全国教育经费执行情况统计公告 [EB/OL]. http://www.moe.gov.cn/srcsite/A05/s3040/202011/t20201103_497961.html.

自《国家中长期教育改革和发展规划纲要（2010～2020年)》实施以来，我国义务教育生均经费投入持续上升，但农村学校生均教育经费投入明显低于城镇学校，而且差距逐年扩大。从表4－16数据可以看出，自2014年以来，我国义务教育阶段城镇学校学生生均教育经费投入均高于农村学校学生，2019年城乡生均教育经费投入差距达到最大，其中，城镇初中与农村初中差距为2627.84元，城镇小学与农村小学差距为1200.98元，城镇学校与农村学校生均教育经费的投入差距无论绝对差距还是相对差距都具有缓慢扩大的态势。

表4－16　　　　　**2014～2019年农村、城镇中小学生均教育经费**　　　　单位：元

项目	2014 年	2015 年	2016 年	2017 年	2018 年	2019 年
农村初中	10996.02	11499.04	13082.53	14391.64	15514.66	16239.47
城镇初中	11547.90	13518.14	14737.89	16280.86	17871.55	18867.31
城乡差额	551.88	1311.13	1655.36	1889.22	2356.89	2627.84
农村小学	8152.16	8845.37	9909.21	10766.04	11365.24	11826.85
城镇小学	8518.16	9689.39	10696.83	11636.63	12458.14	13027.83
城乡差额	366.00	844.02	787.62	870.59	1092.90	1200.98

资料来源：2015～2020年《中国教育经费统计年鉴》。

（三）农村义务教育阶段师资队伍水平较低

我国农村中小学教师队伍的数量不缺，但教师队伍的整体水平还是偏低，主要表现为以下两个方面。一是专任教师学历层次比较低。2019年全国小学专任教师学历合格率99.97%，全国初中专任教师的合格率为99.88%，全国农村小学专任教师的合格率为99.93%，全国农村初中专任教师学历合格率为99.99%，义务教育阶段全国中小学专任教师的合格率与农村中小学专任教师的合格率彼此之间几乎并无差距。但如果以高于标准学历（小学专科以上，初中本科以上）的教师来统计，则城乡之间存在着较为明显的差距。以2019年为例，农村小学专任教师中高于标准学历的比例为49.65%，

城市则为 76. 65%，城市高于农村 27. 00 个百分点。农村初中专任教师高于标准学历的比例为 1. 26%，城市则为 7. 07%，城市高于农村 5. 81 个百分点。二是专任教师职称层次偏低。2019 年，全国农村小学中级及以上职称教师的比例为 50. 33%，城市则为 50. 58%，相差 0. 25 个百分点。农村初中中级及以上职称教师比例为 56. 13%，城市则为 61. 85%，城市高于农村 5. 72 个百分点。[①] 总体上来看，义务教育阶段农村教师队伍整体水平低于城市，城乡义务教育发展仍然存在不均衡的现象。

（四）农村义务教育阶段学校办学条件较差

乡村振兴战略的实施，为新时代乡村建设提供了新的发展动力，也为农村义务教育的发展创造了新的契机。近年来政府高度重视农村教育问题并且加大投入，我国农村义务教育阶段学校的教学设施得到了很大的改善，但与城市义务教育阶段学校相比，还存在较大的差距。由表 4－17 可知，2019 年农村中小学生均图书量、百人计算机台数略高于城市，但绿化用地面积、运动场地面积分别占学校占地面积的比重、生均体育馆面积、网络多媒体教室占教室（间）的比重及实验设备产值占固定资产产值的比重均低于城市，特别是在网络多媒体教室占教室（间）的比重、生均体育馆面积及实验设备产值占固定资产产值比重方面存在差距较大，其中，城市小学网络多媒体教室占教室（间）的比重高于农村小学 29. 11 个百分点，城市初中网络多媒体教室占教室（间）的比重高于农村初中 16. 30 个百分点；城市小学生均体育馆面积比农村小学多 0. 19 平方米，是农村小学的 5. 57 倍，城市初中生均体育馆面积比农村初中多 0. 37 平方米，是农村初中的 3. 64 倍；城市小学生实验设备产值占固定资产产值比重高于农村小学 22. 41 个百分点，城市初中生实验设备产值占固定资产产值比重高于农村初中 19. 14 个百分点。与城市义务教育阶段学校相比，农村义务教育阶段学校的办学条件还是比较差，这些差距的存在直接影响着义务教育的均等化发展进程。

---

① 2019 年《中国教育统计年鉴》。

表 4 – 17 2019 年我国城乡中小学办学条件比较

学校		绿化用地面积占学校占地面积的比重（%）	运动场地面积占学校占地面积的比重（%）	网络多媒体教室占教室（间）的比重（%）	生均体育馆面积（平方米）	实验设备产值占固定资产产值的比重（%）	生均图书量（册）	百人计算机台数（台）
小学	城市	20.10	38.49	79.96	0.23	25.23	22.51	13.33
	农村	17.09	27.95	50.85	0.04	2.82	27.26	16.47
初中	城市	22.71	33.82	76.90	0.51	22.94	34.09	19.96
	农村	19.04	25.82	60.60	0.14	3.80	43.34	21.49

资料来源：2019 年《中国教育统计年鉴》。

（五）农村留守儿童受教育问题日益突出

改革开放以来，伴随着我国经济快速、持续发展以及城市化、现代化进程的加快，大量农村剩余劳动力涌向城市务工，由于户籍制度、收入水平低等诸多现实条件的限制，他们的子女很难进城读书，只能留在户籍所在地，由此导致大量农村留守儿童[①]的产生。全国妇联 2013 年 5 月发布的《中国农村留守儿童、城乡流动儿童状况研究报告》数据显示，父母双方或一方外出打工的留守儿童人数达到 6100 万。近年来，各地高度重视留守儿童关爱保护工作，采取户籍制度改革、随迁子女就地入学等一系列政策措施，为减少农村留守儿童数量创造了有利条件，农村留守儿童人数有所减少。2017 年农村义务教育阶段留守儿童数为 1550.56 万人，2018 年农村义务教育阶段留守儿童数为 1474.41 万人，2019 年农村义务教育阶段留守儿童数为 1384.44 万人，2020 年全国农村留守儿童 1289.67 万人，[②] 这 1289.67 万农村留守儿童大多数没有父母作为监护人，由祖父母或外祖父母监护，占比高达 80% 以上。这些儿童的教育问题将极大地影响中国的未来。由于父母均长年在外，留守儿童的情感需求得不到满足，大多数留守儿童的监护人年龄偏大，文化

---

① 留守儿童是指父母双方外出务工或一方外出务工另一方无监护能力、不满十六周岁的未成年人。

② 2018～2021 年《中国统计年鉴》。

素质较低，加之受农活繁忙等因素的影响，监护人基本没有能力和精力辅导和监督孩子学习。同时，受办学条件、教学理念等因素的制约，针对留守儿童的需求，提供的有效教育和关爱极其有限。留守儿童极易受到社会不良风气的影响，沾染不良嗜好，导致一部分儿童行为习惯较差、自卑感较强，致使性格普遍比较内向，参与意识、群体意识较差，极易产生心理失衡、道德失范、行为失控现象，甚至会出现犯罪的倾向。因此，农村留守儿童的教育问题也就是留守儿童成长中最为迫切、最为重要的问题。

三、农村医疗卫生供给存在的问题

近些年来，我国相继实施了《农村卫生服务体系建设与发展规划》以及《健全农村医疗卫生服务体系建设方案》，加大资金投入，加强县级医院、乡镇卫生院、村卫生室的建设，还不断提高新农合补助和基本公共卫生的投入，农民享有的医疗卫生服务水平和质量逐年提高。同时，国家正在实施新农合与城镇居民医保的对接，越来越多的农民可以享受到均等化的医疗保障，还在不断改善农村医疗服务和公共卫生条件，农民的健康权益得到了有效维护和提升。尽管我国农村医疗卫生事业取得了巨大的成效，但在发展过程中仍存在一些问题，其主要表现为以下四点。

（一）政府投入经费不足，城乡差距大

我国农村医疗卫生发展的快慢以及水平的高低取决于政府对农村医疗卫生的经费投入。提高农村医疗卫生水平，绝不是卫生部门一家的责任，政府应是农村医疗卫生资金投入的主体。通过《2020 年我国卫生健康事业发展统计公报》数据可以看出，2020 年我国医疗卫生支出为 72306.4 亿元，其中，政府医疗卫生支出 21998.3 亿元，社会医疗卫生支出 30252.8 亿元，个人医疗卫生支出 20055.3 亿元，政府、社会、个人医疗卫生支出占比分别为30.4%、41.8%、27.7%，全国卫生费用主要由社会卫生承担，医疗卫生支出占 GDP 的 7.12%，较 2019 年提高了 0.48%，仍然偏低，存在经费投入不足问题。在有限的医疗卫生经费投入中，长期以来倾向于城市，城市的医疗

费用支出远远高于农村。尽管我国卫生费用逐年增长，在城市与农村投入之比不变情况下，城市、农村医疗卫生经费的差距不断拉大。2010 年我国城乡医疗卫生支出差额为 11036.85 亿元，到 2019 年扩大到 34672.07 亿元，城市医疗卫生支出基本上是农村的 3 倍多，城乡人均医疗卫生支出差额由 2010年的 1649.2 元扩大到 2019 年的 3098.2 元，城市人均医疗卫生支出是农村的2 倍多。[①] 无论从我国城乡医疗卫生支出总费用还是从城乡人均医疗卫生支出费用来看，城乡差距还是很大。

(二) 农村医疗卫生技术人员偏少，素质较低

卫生人员是医疗持续发展的生产力，是医疗改革与发展最能动、最关键的因素。卫生人员队伍的整体素质不仅极大地影响着医疗质量，而且从根本上制约着一所医疗机构、一个地区医疗事业的发展水平。通过对《中国卫生健康统计年鉴》数据分析发现，城市卫生技术人员远远多于农村，而且城市的卫生技术人员素质远远高于农村。[②] 表 4-18 数据显示，2014~2019 年城市卫生技术人员分别比农村多 265116 人、442683 人、611013 人、765606人、5190988 人、5538282 人，在每千人口卫生技术人员、每千人口执业（助理）医师、每千人口注册护士三个指标方面，城市是农村的 2 倍以上，农村医疗卫生技术人员偏少。在卫生技术人员学历结构方面，2019 年农村乡镇大学本科及以上占 17.4%，村卫生室大学本科及以上占 0.8%，城市医院大学本科及以上占 45.3%，城市大学本科及以上的卫生技术人员占比高于农村乡镇 37.9%，高于村卫生室 44.5%。在专业技术资格结构方面，2019 年副高及以上农村乡镇占 2.7%，村卫生室副高及以上占 0.0%，城市医院副高及以上占 10.1%，城市副高及以上的卫生技术人员占比高于农村乡镇7.4%，高于村卫生室 10.1%。在聘任技术职务结构方面，2019 年农村乡镇副高级以上占 2.45%，村卫生室副高级以上占 0.1%，城市副高级以上占10.0%，城市副高及以上的卫生技术人员占比高于农村乡镇 7.55%，高于村

---

① 相关年份《我国卫生健康事业发展统计公报》。
② 文敏. 公共医疗卫生政策与农村医疗资源配置 [J]. 理论观察, 2020 (4): 62-65.

卫生室9.9%。① 通过以上数据分析可以看出，我国优质的卫生技术人员大多集中于城市，农村医疗卫生技术人员在数量、学历、职称、经验等方面与城市有较大差距，其素质整体偏低。这就造成农村医疗卫生机构优秀人才比较短缺，优质的医疗服务难以提供。

表4-18　农村、城市卫生技术人员及每千农村人口卫生技术人员　单位：人

年份	农村卫生技术人员	城市卫生技术人员	城市农村卫生技术人员差额	每千城市人口卫生技术人员	每千城市人口执业（助理）医师	每千城市人口注册护士	每千农村人口卫生技术人员	每千农村人口执业（助理）医师	每千农村人口注册护士
2010	2911245	2954913	43668	7.62	2.97	3.09	3.04	1.32	0.89
2011	3061446	3131412	69966	7.90	3.00	3.29	3.09	1.33	0.98
2012	3275256	3393293	118037	8.54	3.19	3.65	3.41	1.40	1.09
2013	3520302	3680276	159974	9.18	3.39	4.00	3.64	1.48	1.22
2014	3657337	3922453	265116	9.70	3.54	4.30	3.77	1.51	1.31
2015	3777427	4220110	442683	10.21	3.72	4.58	3.90	1.55	1.39
2016	3916695	4527708	611013	10.42	3.79	4.75	4.08	1.61	1.50
2017	4106312	4871918	765606	10.87	3.97	5.01	4.28	1.68	1.62
2018	4328191	5190988	862799	10.91	4.01	5.08	4.63	1.82	1.80
2019	4605728	5538282	932554	11.10	4.10	5.22	4.98	1.96	1.99

资料来源：2011~2020年《中国卫生健康统计年鉴》。

（三）农村医疗机构整体医疗服务水平较低

农村医疗机构，特别是村级卫生室，相对于城市医院具有医疗费及药品价格更为平价、农村居民就医看病更为便利等优势。但是由于更多的优势资源都集中在城市，无论是医疗环境、医疗设备等硬件的落后，还是医疗人才的缺乏，都使得农村医疗机构的整体医疗水平与城市医院有较大差距，农村

① 2020年《中国卫生健康统计年鉴》。

居民往往因为乡村医院不能完全满足其医疗需求，而选择到更高一级的医疗机构进行治疗，而往往县级、市级医院的医疗费用更高，农村居民去外地就医需要花费除医药费用以外的路费、住宿费、餐饮费等其他支出，再加上目前新农合的补偿机制所规定的更高级别医院的报销比例更低，共同加大了农村居民患病后及时获得良好治疗的困难程度。在我国农村地区存在三级医疗服务网络，县乡级医疗卫生机构基本健全，但村卫生室存在"人去楼空"的现象，在医疗设备上跟不上时代，在诊疗的规范化程度上达不到标准，医疗水平有限。[①] 多数农村地区的医疗卫生条件不能满足农民"病有所医"需要，尤其是一些事关农民生命健康的服务，如年度体检、临终关怀等还不能提供。

（四）医疗资源配置结构不均衡

长期以来，由于我国农村地区经济社会发展不平衡以及卫生资源的配置一直是向城市地区倾斜的，城镇居民享受了医疗卫生资源的 80%，而农村居民仅享受全部医疗卫生资源的 20%。医疗卫生资源的配置长期以来呈"倒三角"的不均衡状态，即重视城市等高级卫生机构，而轻视农村等初级卫生机构，在医疗卫生人力资源以及设施设备配置方面，农村都比较短缺，致使农村医疗卫生服务机构的发展严重落后于城市。通过分析表 4 – 19 数据可以发现，2010 年城市每千人口医疗机构床位数是农村的 2.28 倍，是乡镇卫生院的 5.71 倍，城市医疗设备台数是农村的 7.56 倍，2019 年城市每千人口医疗机构床位数是农村的 1.83 倍，是乡镇卫生院的 5.93 倍，医疗设备台数是农村的 11.03 倍。与城市相比，农村的医疗设施在医疗机构床位、设备等物力资源上的数量和质量配置比较落后，很大程度上限制了农村地区医疗服务能力，难以满足农村居民日益增加的医疗卫生服务需求。

---

① 文敏. 公共医疗卫生政策与农村医疗资源配置［J］. 理论观察，2020（4）：62 – 65.

表 4-19　　城市、农村医疗卫生机构床位数及万元以上医疗设备数

年份	城市每千人口医疗卫生机构床位数（张）	农村每千人口医疗卫生机构床位数（张）	农村每千人口乡镇卫生院床位（张）	城市万元以上医疗设备数（台）	农村万元以上医疗设备数（台）
2010	5.94	2.60	1.04	2077008	274722
2011	6.24	2.80	1.16	2363219	289181
2012	6.88	3.11	1.14	2726508	310295
2013	7.36	3.35	1.18	3156198	335476
2014	7.84	3.54	1.20	3722893	363219
2015	8.27	3.71	1.24	4081774	394490
2016	8.41	3.91	1.27	4601414	430690
2017	8.75	4.19	1.35	5105212	478379
2018	8.70	4.56	1.46	5705766	523929
2019	8.78	4.81	1.48	6409983	581308

资料来源：2010~2012年《中国卫生统计年鉴》、2013~2017年《中国卫生和计划生育统计年鉴》和2018~2019年《中国卫生健康统计年鉴》。

四、农村社会保障供给存在的问题

近年来，在国家美丽乡村建设宏观规划的指导下，党和政府积极推行了一系列政策措施促进了我国农村社会保障事业的快速发展，取得了令人瞩目的成就，特别是新型农村合作医疗制度和新型农村养老保险制度的实施，使农民真正享有了社会保障，一定程度上减轻了农民负担，提高了农民生活水平和生活质量，分享了我国经济社会发展的成果，提高了农民对政府的信任度。然而，当前我国农村社会保障体系在建设过程中仍然存在一些问题，这些问题严重制约了农村社会保障体系在农村振兴中发挥的应有作用，进而也制约着中国乡村的振兴。

（一）农村社会保障水平较低

目前，我国农村居民获得的保障主要有新型农村社会养老保险、低保等

保障项目，现有的保障项目保障水平偏低，对农民的经济支持和风险分担力度明显不足。在养老保险享受待遇标准方面，由于农村居民养老保险个人缴费水平低，参保积累年限短，养老金每月仅为 100 元左右，按照 2015 年农民人均纯收入 11422 元计算，替代率为 8.76%，不仅与城镇职工养老保险 45% 左右的替代率相差甚远，也仅是各地农村最低生活保障线标准的一半，无法真正使农村老人"老有所养"。① 这几年农村居民养老保险一直在提高保障水平，但是这些远远无法满足农民日常的生活所需 。2020 年全国城镇职工基本养老保险基金支出 51301 亿元，年末参加城镇职工基本养老保险人数为 45621 万人，其中职工 32858.7 万人，离退休人员 12762.3 万人，城镇离退休职工每人每年领取基本养老保险金为 40197.3 元，全年城乡居民基本养老保险基金支出 3355 亿元，年末城乡居民基本养老保险参保人数 54244 万人，其中实际领取待遇人数 16068.2 万人，城乡居民每人每年领取基本养老保险金为 2088 元，城镇参保职工每人每年领取基本养老保险金是城乡居民的 19.25 倍。② 在低保保障标准方面，2020 年全国城市低保资金支出 537.3 亿元，共有城市低保对象 488.9 万户、805.1 万人，城市居民低保平均保障标准为每人每月 677.6 元，全年农村低保资金支出 1426.3 亿元，有农村低保对象 1985.0 万户、3620.8 万人，农村居民低保平均保障标准为每人每月 496.86 元，城市居民低保每人每月平均保障标准是农村居民的 1.36 倍。在特困人员救助供养方面，全年农村特困人员救助供养资金支出 424.0 亿元，共有农村特困人员 446.3 万人，农村特困人员救助供养资金每人每月 791.69 元，全年城市特困人员救助供养资金支出 44.6 亿元，共有城市特困人员 31.2 万人，城市特困人员救助供养资金每人每月 1191.24 元，城市特困人员每人每月救助供养资金是农村城市特困人员的 1.5 倍。③ 可见，农村社会保障水平整体较低，与城市存在较大差距。

---

① 林淑周 . 乡村振兴视角下农村社会保障体系的完善 ［J］. 劳动保障世界，2018（35）：24 – 25.

② 人力资源和社会保障部 . 2020 年度人力资源和社会保障事业发展统计公报 ［EB/OL］. http：//www. gov. cn/xinwen/2021 – 06/04/content_5615424. htm，2021 – 06 – 04.

③ 中华人民共和国民政部 . 2020 年民政事业发展统计公报 ［EB/OL］. http：//www. mca. gov. cn/article/sj/tjgb/202109/20210900036577. shtml，2021 – 09 – 05.

（二）农村社会保障体系不健全

改革开放以来，我国在农村也推行了农村养老、农村救助等多种社会保障体系，在提高农民基本生活水平、维护农民基本权益等方面发挥了较大的作用。然而到目前为止，还没有建立覆盖全国且统一的农村社会保障体系。从理论上来讲，无论是城镇居民还是农村居民，他们享受的社会保障项目应该保持统一。在我国城镇，居民大都建立了覆盖社会保险、社会救助、社会福利及优抚安置所有项目的社会保障体系，农村社会保障体系中常见的只有低保、特困户等基本生活救助；城镇居民社会保障体系中广泛实施了失业保险、工伤保险、生育保险、住房保险等社会保障，农村居民能够享受的社会保障项目比较少，农村社会保障体系仍存在保障项目不全等问题。农村社会保障体系的不健全，加大了农民社会风险的承担，降低了农民的保障程度，不利于农村经济的发展，不利于社会的稳定，也不利于提升社会公平正义。健全农村社会保障体系，有效扩大农村社会保障覆盖范围，让广大农民更好地享受社会保障。

（三）农村社会保障资金投入不足

2020 年我国经济总量突破百万亿元大关，全年国内生产总值达 101.6 万亿元，人均国内生产总值连续两年超过 1 万美元，经济总量居世界第二，占世界经济比重达 17%。[①] 我国社会保障和就业资金支出逐年增加，其占公共财政预算支出的比重也逐年增长。2015～2020 年社会保障和就业资金支出分别为 19018.69 亿元、21591.45 亿元、24611.68 亿元、27012.09 亿元、29379.08 亿元、32568.51 亿元，其占公共财政预算支出的比重分别为 10.81%、11.50%、12.12%、12.23%、12.30%、13.26%。[②]《国际统计年鉴 2020》数据显示，2019 年加拿大、美国社会保障支出占财政总支出的比

---

① 国家统计局.2020 年中华人民共和国国民经济和社会发展统计公报［EB/OL］. http：//www. gov. cn/xinwen/2021–02/28/content_5589283. htm.

② 2016～2021 年《中国统计年鉴》。

重分别为 42.73%、38.88%，2018 年德国、英国社会保障支出占财政总支出的比重分别为 71.04%、34.48%，发达国家已超过 30%，我国远低于发达国家的比例。在政府社会保障资金投入不足的情况下，由于受多方面因素的影响，社会保障资金绝大部分投向了城镇居民，农村居民能够真正享受的份额非常小。在农村社会保障中，农村养老保险、合作医疗主要是农村居民个体缴纳为主，国家给予一定的补贴，国家在农村社会保障中投入比较小，使农村社会保障没有发挥其应有的促公平、防风险的作用。由于部分农村居民收入水平不高，且不能正确认识农村社会保障的重要性及作用，有人就直接放弃缴费，不参与社保，这使农村社会保障所具有的保障功能作用不能有效发挥，影响农村社会保障质量的提高。

（四）农村社会保障法律体系不健全

农村社会保障必须以社会立法为手段，才能使其规范化、法制化。综观世界上各国社会保障制度的发展历程，基本上都是立法在先。在 19 世纪，德国先后颁布了三部与社会保障相关的著名法律，使其率先成为全世界社会保障立法的典范，美国也在 20 世纪 30 年代颁布了世界上第一部社会保障法典，社会保障法律制度在当今世界各主要发达国家的法律体系中占有十分重要的法律地位。[①] 目前，我国有关社会保障的规定，主要由相关部委以及地方政府制定的地方性规定组成，大多以"条例""方案""决定""意见""规定"等形式出现，尚未上升到法律高度。此外，我国农村社会保障中的社会救济、社会福利等方面的立法也比较欠缺。目前我国仍没有统一的农村社会保障法，专门性法律法规的建设也很薄弱。农村社会保障法律体系不健全，使农村社会保障工作面临保障对象不明确、保障资金来源不稳定、保障标准不统一等问题。导致很多行政部门无法有效落实农村社会保障制度，致使很多农村居民家庭在寻求保障时无人回应，也没有法律为农村居民做主。因此，国家应尽早出台统一的农村社会保障法律，规范农村社会保障的日常工作，让生活在农村的老人们老有所养，老有所依，实现对美好生活的向往。

[①] 李滨. 论我国农村社会保障法律制度缺陷及完善 [D]. 南昌：江西师范大学，2013.

（五）农民的社会保障意识比较淡薄

农民作为农村社会保障的主体，他们参与社会保障的意识及参与积极性的高低直接影响到农村社会保障事业的发展。一方面由于受传统文化的影响，大多数农民认为传统的养儿防老、居家养老的保障模式是合理可靠的，没有建立需求和信赖社会保障的意识，对于社会保障的效用持怀疑态度，特别害怕缴纳的养老保险金等最后不能落实到自身，害怕政策一旦改变缴纳的保险金就作废了。另一方面是多数农民文化水平不是特别高，再加上国家对农村社会保障的宣传不到位，导致农民对社会保障的了解不到位，只知道这是国家关于农村实行的一项保障政策，却不清楚社会保障具体有哪些保障措施，自身可以享受哪些保障权益。对医疗保险农民还比较了解，参保人员还比较多，而对养老保险、最低生活保障等社会保障项目农民了解得就甚少。由于农村最低生活保障在申请时往往需要开很多证明才能申请到，申请程序比较复杂，有些贫困户对此程序不太了解都会放弃申请机会。目前，由于社保缴费采取自愿的形式，多数农民认为参加社会保险是不必要的支出，感觉自己可能用不上，掏社会保险那份钱没必要，更不愿眼看着自己出钱让别人用，更倾向于把有限的收入放到眼前利益上，而不愿把收入过多投入在农村社会保险上。即使愿意参加，绝大多数农村居民只参保了最低档次的保险。由于受农村居民自身经济条件、文化水平等因素的影响，我国农村的养老保险覆盖范围较小，参保人数较少，参保积极性不高。

农村公共产品供给对农民收入的
空间溢出效应的实证分析

第一节　空间计量经济学理论

一、空间溢出效应的内涵

溢出原意是指容器里面的液体向外流出的过程，最早是用来形容对环境的污染破坏，例如一个地区的水环境的污染通过流动扩散，最终会对周围地区的水环境造成毁坏。溢出效应现在是用来形容一个主体的活动情况会对其他地区产生影响，这种影响也叫作外生性作用或者间接效应，而这种效应如果是发生在距离的基础上相互影响的几个区域之间也叫作空间溢出效应。空间溢出效应在经济学上存在正向的空间溢出效应和负向的空间溢出效应之分，正向空间溢出是指对经济社会的发展产生促进作用并且能够带来经济利益，而负向空间溢出效应是指对经济社会的发展产生阻碍作用并且不能带来经济利益，甚至会限制当地经济发展。

二、空间计量模型的介绍

空间数据和地理信息数据的可获性增强，使得学者们的研究内容不仅仅局限于单纯的个体比较，而是更多地将空间因素考虑其中。传统计量模型的整个回归过程都是在经济体内部封闭式完成的，忽略了外部经济体的某些相关要素（特别是邻近区域的经济要素）对该区域内部变量产生的影响；并且个体间的相互作用、相互依赖性无法体现出来。空间计量分析的独特之处在于进行了空间相关性的研究，假定区域内的研究个体间在空间维度上具有异质性或依赖性，其所反映的相关变量关系会更加准确，研究结果会更具有现实意义。① 常用的空间计量模型有以下三种。

（一）空间自回归模型（SAR）

空间自回归模型（SAR）是假设被解释变量在空间上存在相关性，即被解释变量不仅与当地一些自变量值变化有关，而且还与毗邻地区因变量值的变化有关。该模型在一定程度上能够帮助分析各变量在某地的溢出效应是否存在，空间自回归模型（SAR）的表达式如式（5.1）所示：

$$y = \rho W y + \beta X + \varepsilon \tag{5.1}$$

式（5.1）中，y 为模型的被解释变量，X 是解释变量矩阵，W 表示的是 n×n 阶的空间权重矩阵，ρ 为空间回归系数，β 代表的是 X 对 y 产生的影响系数大小，ε 代表的是随机性的扰动误差，μ 代表正态分布状态下的随机误差。

（二）空间误差模型（SEM）

空间误差模型（SEM）是假设该模型的误差项存在空间相关性，其表达式如式（5.2）及式（5.3）所示：

$$y = \beta X + \varepsilon \tag{5.2}$$

$$\varepsilon = \lambda W \varepsilon + \mu \tag{5.3}$$

式（5.2）和式（5.3）中，y 为模型的被解释变量，X 是解释变量矩

---

① 肖瑶. 对外贸易和 FDI 对山东省城乡收入差距的影响［D］. 青岛：青岛大学，2020.

阵，W 表示的是 n×n 阶的空间权重矩阵，β 代表的是 X 对 y 产生的影响系数大小，ε 代表的是随机性的扰动误差，μ 代表正态分布状态下的随机误差。

（三）空间杜宾模型（SDM）

空间杜宾模型（SDM）是通过将自变量和因变量的空间滞后项引入模型，同时考虑解释变量和被解释变量的空间相关性，即本地因变量的变化不仅与毗邻地区因变量变化有关，而且还与毗邻自变量的变化有关，空间杜宾模型（SDM）的表达式如式（5.4）所示：

$$y = \rho Wy + \beta X + \eta WX + \varepsilon \qquad (5.4)$$

式（5.4）中，y 为模型的被解释变量，ρ 为空间回归系数，X 是解释变量矩阵，W 表示的是 n×n 阶空间中的权重矩阵，λ 代表回归系数的大小，用于衡量空间依赖度大小，η 代表的是 WX 中的滞后系数大小。在模型中 β 代表的是 X 对 y 产生的影响系数大小，ε 代表的是随机性的扰动误差，μ 代表正态分布状态下的随机误差。

三、空间权重矩阵的构建

构建合理的空间权重矩阵是计算莫兰指数以反映空间相关性，以及建立空间计量模型进行实证分析的前提。权重矩阵构建必须满足空间相关性与距离两个条件，这种距离既可以是地理纬度的，也可以是社会经济层面的。[①]空间计量模型最大的特点就是引入了空间权重矩阵，能够考虑相邻区域经济指标对本区域的影响，而一般模型不具备该优点。空间权重矩阵用来说明空间计量模型中不同观测值之间的空间邻接关系。在借鉴博内特（Boarnet，1998）、巴沃（Bavaud，1998）等观点的基础上，构建 3 种空间权重矩阵，空间权重矩阵的定义如式（5.5）所示：

---

① 肖瑶. 对外贸易和 FDI 对山东省城乡收入差距的影响［D］. 青岛：青岛大学，2020.

$$W = \begin{bmatrix} w_{11} & w_{12} & \cdots & w_{1n} \\ w_{21} & w_{22} & \cdots & w_{2n} \\ \vdots & \vdots & \vdots & \vdots \\ w_{n1} & w_{n2} & \cdots & w_{nn} \end{bmatrix} \tag{5.5}$$

（一）二进制空间权重矩阵

二进制空间权重矩阵通过区域是否相邻近来衡量空间相关性，若 i 与 j 两个区域是邻近关系，则将二进制连接矩阵元素赋值为 1，那么 $W_{ij} = 1$；若 i 与 j 两区域不相邻，则对应矩阵元素赋值为 0，则 $W_{ij} = 0$，其次，主对角线上的元素全部为 0。其表达式如式（5.6）所示：

$$W_{ij} = \begin{cases} 1 & \text{i 与 j 两地区相邻} \\ 0 & \text{i 与 j 两地区不相邻} \end{cases} \tag{5.6}$$

（二）地理距离空间权重矩阵

地理距离权重矩阵根据区域间距离衡量二者空间上的相关程度，认为地理距离越近，区域间的空间相关程度高，反之则空间相关程度低。若 i 与 j 两个区域是相邻的，$W_{ij} = 1/d_{ij}^2$，d 为研究领域两地之间的距离，通常用该距离平方的倒数来体现；若 i 与 j 两个区域是不相邻的，则 $W_{ij} = 0$。其表达式如式（5.7）所示：

$$W_{ij} = \begin{cases} 1/d_{ij}^2 & \text{当 i} \neq \text{j} \\ 0 & \text{当 i} = \text{j} \end{cases} \tag{5.7}$$

（三）经济距离空间权重矩阵

随着经济发展，交通网络系统不断完善，地理空间对空间经济活动阻碍逐渐减弱，而经济与社会因素对空间经济活动影响更为显著，基于在空间单元中产生空间效应的某项经济指数的绝对差值可以构建经济距离，并将权重视为该经济指数差值的绝对值的倒数，选择依据是认为该经济指标是形成空间效应的主要因素。若 i 与 j 两个区域是相邻的，$W_{ij} = 1/(x_i - x_j)$，其中x_i和x_j表示 i 地区和 j 地区所采用的经济指标的数值；若 i 与 j 两个区域是不相邻的，则$W_{ij} = 0$。其表达式如式（5.8）所示：

$$W_{ij} = \begin{cases} 1/(x_i - x_j) & \text{当 } i \neq j \\ 0 & \text{当 } i = j \end{cases} \tag{5.8}$$

在空间计量分析过程中，虽然空间权重矩阵 W 十分重要，且其选取方式也有多种，但目前而言，学者们对选取一个合适准确的空间权重矩阵具有一定争议，也存在一定困难性。空间权重值反映了个体观测的区域之间的相互影响程度，因此，空间权重矩阵的设置需要实事求是，具体问题具体分析，而且相同的空间计量模型如果使用的空间权重差别较大则可能会使分析结果有很大差异。因此空间权重矩阵的设置是建模过程中的一个关键问题。

四、莫兰指数

要想研究区域间是否具有空间溢出效应，其前提条件就是要对各区域间是否存在着空间相关性进行检验。空间相关性是指一个区域的经济活动与邻近区域的经济活动密切相关，一般用莫兰指数（Moran's I）来检验该经济活动具有空间相关性。莫兰指数检验分为全局莫兰指数检验和局部莫兰指数检验。

（一）全局莫兰指数

全局空间相关分析常用来考察空间经济变量在整体空间内表现出的分布特征，说明的是某种对象或者现象总体在空间中平均的相互联系的水平。在空间探索性分析阶段，常用全局莫兰指数（Global Moran's I）来衡量所研究空间中的空间相关性，它是用来反映在某个时间点空间单元上空间联系程度的一种分析方法，莫兰指数的取值一般为 -1~1，若指数大于 0，表示研究空间存在正相关性，相似的属性集聚在一起，并且越接近 1 表明聚集程度越高；如果指数小于 0，表明经济变量具有空间负相关，且其值越接近 -1 表示相反的属性聚集在一起；如果莫兰指数接近于零，则表明所考察的经济变量不存在空间相关性。其中计算莫兰指数最为关键的步骤在于空间权重矩阵的构建。全局莫兰指数的具体表达式如式（5.9）所示：

$$\text{Moran's I} = \frac{\sum\limits_{i}^{n}\sum\limits_{i}^{n}W_{ij}(y_i - \bar{y})(y_j - \bar{y})}{S^2\sum\limits_{i}^{j}\sum\limits_{i}^{j}W_{ij}} \tag{5.9}$$

式（5.9）中，y_i 为 i 地区对应的观测值，$\bar{y}$ 为均值，S^2 为变量的方差，n 为地区总数，W_{ij} 为空间权重矩阵元素。

（二）局部莫兰指数

对比全局相关分析，局部相关分析用来分析子空间内的分布特征，包括常见的空间聚集、异常值、非典型的局部区域等，说明的是某种现象或者事物在自己局部空间周围的分布状况以及相互联系的程度。安塞林（Anselin，2002）通过对全局莫兰指数的分解，提出了局部莫兰指数（local indicators of spatial association，LISA），用以反映在某一空间单元局部区域是否存在空间相关以及经济观测值空间聚集情况。对于第 i 个区域来说，具体形式如式（5.10）所示：

$$I_i = \frac{(y_i - \bar{y})}{S^2}\sum\limits_{j}^{n}W_{ij}(y_i - \bar{y}) \tag{5.10}$$

式（5.10）中，W_{ij} 是空间权重，y_i 为观测值，$\bar{y}$ 为均值，S^2 为变量的方差，若 LISA > 0，则局部空间单元也存在着空间聚集的情况。

第二节 指标选取与数据来源

一、指标选取

（一）指标选取遵循的原则

为了客观、全面、科学地衡量农村基础设施供给状况，在研究与确定农村基础设施供给对农村居民收入增长空间溢出效应评价指标时，要遵循以下四项原则。

1. 科学性原则

科学性原则就是指在设计指标时要以科学的理论作为依据，指标须具有一定的科学内涵，目的清楚，定义准确，能够度量和反映农村基础设施供给情况，同时也能满足计算机对数据的要求。选取农村基础设施供给指标时，要做到全面、系统，对农村基础设施供给情况进行评价时，要求简洁、实用，不要过于繁杂。相关的评价内容、评价指标和评价方法都应该相适应，这才能够获得客观真实的评价结果。

2. 代表性原则

代表性原则就是指所选取的指标要具有代表性，能够客观反映农村基础设施供给的水平，太过全面的指标，一方面，会使数据收集的工作量过大，同时会存在指标冗余、信息重复的问题；另一方面，也会加深绩效评价的复杂程度，结果会事倍功半。因此有必要精简地选择具有代表性的评价指标，进而有效提高评价的效率。

3. 可操作性原则

可操作性原则就是指在选择指标时，需要注意指标的实际可操作性。如果选取指标的实际实施过程太过复杂或者技术上难以获得，会使指标的可操作性降低，甚至不可能实现，从而导致前期再全面科学的指标都失去意义。

4. 定性、定量原则

定性方法是指决策者运用自己直观的判断能力和逻辑推断能力进行决策分析的方法。定量方法是指决策者运用数学和其他分析技术构建数学模型，并作出决策的方法。在研究农村公共产品供给对农民收入增长空间溢出效应时，选取我国 31 个省（区、市）的农村公共产品供给指标，若存在难以量化的指标，则可采用定性的指标来替代。

（二）选取的指标

遵循以上四项指标选取原则，农民收入为本书的被解释变量，在参考已有研究成果的基础上，选取农村公共产品供给为解释变量，各变量的指标选取如下。

1. 被解释变量：农民收入

在模型中，本书选取农村居民人均可支配收入作为农民收入指标，能够较为直观地反映出农民的收入水平。不仅选用农村居民人均可支配收入水平作为被解释变量，同时还选用工资性收入、经营性收入、财产性收入和转移性收入四个组成部分作为被解释变量，以便于分析农村公共产品供给对农民收入水平以及结构的影响。

2. 解释变量：农村公共产品供给

根据研究目标，将农村公共产品供给指标作为解释变量，本文构建的农村公共产品供给评价指标体系包括了以下指标：农村养老保险参保领取率（X1）、农村居民人均最低生活保障支出（X2）、农村居民人均医疗救助支出（X3）、农村中小学教学仪器设备价值（X4）、农村中小学生均教育经费（X5）、农村中小学专任教师（X6）、财政支农（X7）、农村信息网络（X8）、村卫生室（X9）、每千人口床位（X10）、每千人卫生技术人员

（X11）、农村医疗卫生投入（X12）来衡量。指标变量的基本统计情况如表 5-1 所示。

表 5-1 指标选取与说明

指标名称	指标解释
农民收入（Y）	农村居民人均可支配收入
工资性收入（Y1）	农村居民人均可支配收入中的工资性收入
经营性收入（Y2）	农村居民人均可支配收入中的经营性收入
财产性收入（Y3）	农村居民人均可支配收入中的财产性收入
转移性收入（Y4）	农村居民人均可支配收入中的转移净收入
农村养老保险参保领取率（X1）	农村养老保险领取人数与参保人数之比
农村居民人均最低生活保障支出（X2）	农村最低生活保障支出与农村领取人数之比
农村居民人均医疗救助支出（X3）	农村医疗直接救助支出与农村救助人次数之比
农村中小学教学仪器设备价值（X4）	农村小学与中学教学仪器设备价值之和
农村中小学生均教育经费（X5）	农村中小学教育经费之和与中小学学生数之和的比
农村中小学专任教师（X6）	农村中小学专任教师数之和
财政支农（X7）	农林水的支出
农村信息网络（X8）	农村宽带网络接入的用户数
村卫生室（X9）	农村村卫生室的个数
每千人口床位（X10）	农村每千人口的床位数
每千人卫生技术人员（X11）	农村每千人卫生技术人员数
农村医疗卫生投入（X12）	农村医疗卫生总费用
W 空间矩阵	根据各省（区、市）所排列的矩阵，两相邻地区元素为 1，两地区不相邻则元素为 0

二、数据来源与说明

本书数据选择 2010~2019 年我国 31 个省（自治区、直辖市）的样本数据进行研究分析，数据来源于历年《中国统计年鉴》《中国交通年鉴》《中国农村统计年鉴》《中国教育经费统计年鉴》《中国教育年鉴》《中国民政统计年鉴》以及各个地区的统计年鉴。由于我国经济发展具有较为明显的区域差异性，为了准确衡量和反映农村公共产品供给对农民收入的空间溢出效应，本书采用了《中国统计年鉴（2006）》的区域分组方法，将我国划分为东部地区（包括北京、天津、河北、上海、江苏、浙江、福建、山东、广东、海南）、中部地区（包括山西、安徽、江西、河南、湖北、湖南）、西部地区（包括内蒙古、广西、重庆、四川、贵州、云南、西藏、陕西、甘肃、青海、宁夏、新疆）和东北地区（包括辽宁、吉林、黑龙江）四大经济区域。分别对全国、东部地区、中部地区、西部地区及东北地区的农村公共产品供给对农民收入的空间溢出效应进行分析。对于部分无法获得的指标数据本书采用回归方程预测法、插值法以及均值替代法进行计算填充，以提高样本数据的可靠性。

第三节　农村公共产品供给对农民收入的空间溢出效应的实证分析

一、农村公共产品供给对农民收入水平的空间溢出效应的实证分析

（一）空间相关性检验

空间相关性检验就是对变量之间是否存在相关性以及变量之间的相关程度如何进行的统计检验。通常采用全局莫兰指数与局部莫兰指数来进行统计检验。

1. 全局莫兰指数

通过 Stata16.0 计算得到全局莫兰指数，并观测 P 值的大小，可以判断莫兰指数是否显著。2010~2019 年省际农村居民人均可支配收入全局莫兰指数如表 5-2 所示。

表 5 - 2　　　　2010～2019 年省际农村居民人均可支配收入全局莫兰指数

年份	I	E(I)	sd(I)	z 值	P 值
2010	0.418	- 0.033	0.105	4.297	0.000
2011	0.431	- 0.033	0.106	4.387	0.000
2012	0.433	- 0.033	0.106	4.399	0.000
2013	0.446	- 0.033	0.106	4.523	0.000
2014	0.447	- 0.033	0.106	4.531	0.000
2015	0.444	- 0.033	0.106	4.511	0.000
2016	0.440	- 0.033	0.105	4.486	0.000
2017	0.438	- 0.033	0.105	4.470	0.000
2018	0.437	- 0.033	0.105	4.475	0.000
2019	0.433	- 0.033	0.105	4.442	0.000

资料来源：Stata 软件处理全国面板数据运行的结果数据。

由表 5 - 2 可知，在 2010～2019 年，我国省际农村居民人均可支配收入存在着一定程度的空间相关性，并且 P 值都小于 0.01，通过了 1% 的显著性检验，这也就说明在我国区域经济的发展过程中，空间聚集现象相对比较普遍。我国农村居民人均可支配收入的全局莫兰指数表现出先上升后下降的总体趋势，维持在 0.418～0.447，说明省际经济的空间相关性比较稳定。

通过绘制农村居民收入的全局莫兰指数折线图（见图 5 - 1）可知，两者变化较为平稳，说明省际农村居民收入空间集聚效应总体来说较为稳定。

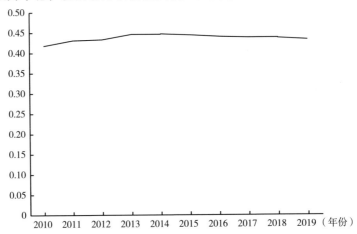

图 5 - 1　2010～2019 年省际农村居民人均可支配收入全局莫兰指数折线图

资料来源：Stata 软件处理全国面板数据运行的结果数据。

2. 局部莫兰指数

由于计算时间较长，且全局莫兰指数显示出农村居民人均可支配收入存在明显的空间正相关性，所以仅列出 2010 年、2013 年、2016 年和 2019 年的局部莫兰指数。

此处选用农村居民人均可支配收入进行局部莫兰指数分析，结果如表 5 - 3 所示。2010 年在 10% 显著性水平上，北京、甘肃、贵州、江苏、青海、陕西、上海、四川、天津、西藏、云南、浙江这些省（区、市）的局部莫兰指数较为显著，且局部莫兰指数都大于 0，说明在这些区域附近的经济发展出现了显著的聚集效应；2013 年在 10% 显著性水平上，国内诸多地区的局部莫兰指数均显著提高，如云南、江苏等；2016 年在 10% 显著性水平上，依旧是以上省（区、市）局部莫兰指数较显著；2019 年在 10% 显著性水平上，西藏的局部莫兰指数已不再显著，且部分省（区、市）局部莫兰指数逐渐不显著。

表 5 - 3　　　　部分年限农村居民人均可支配收入局部莫兰指数

地区	2010 年		2013 年		2016 年		2019 年	
	LISA 指数	P 值	LISA 指数	P 值	LISA 指数	P 值	LISA 指数	P 值
安徽	- 0.166	0.354	- 0.151	0.370	- 0.140	0.382	- 0.120	0.403
北京	1.696	0.004	1.602	0.006	1.554	0.008	1.355	0.017
重庆	0.228	0.253	0.211	0.269	0.155	0.317	0.139	0.331
福建	0.318	0.251	0.390	0.212	0.406	0.202	0.452	0.177
甘肃	0.704	0.018	0.786	0.011	0.780	0.011	0.774	0.011
广东	- 0.109	0.433	- 0.054	0.482	- 0.045	0.490	- 0.040	0.494
广西	0.282	0.240	0.294	0.234	0.265	0.253	0.240	0.271
贵州	0.591	0.056	0.604	0.054	0.522	0.080	0.484	0.094
海南	0.000	—	0.000	—	0.000	—	0.000	—
河北	- 0.067	0.459	- 0.084	0.438	- 0.090	0.430	- 0.086	0.435
黑龙江	0.007	0.475	0.017	0.470	0.056	0.446	0.086	0.427

续表

地区	2010 年		2013 年		2016 年		2019 年	
	LISA 指数	P 值	LISA 指数	P 值	LISA 指数	P 值	LISA 指数	P 值
河南	0.098	0.355	0.068	0.388	0.078	0.377	0.081	0.373
湖北	0.076	0.378	0.013	0.448	0.012	0.449	0.017	0.443
湖南	0.088	0.366	0.080	0.375	0.066	0.390	0.066	0.389
江苏	1.237	0.002	1.409	0.001	1.407	0.001	1.437	0.000
江西	−0.070	0.459	−0.093	0.433	−0.075	0.453	−0.073	0.455
吉林	0.001	0.474	0.001	0.474	0.031	0.452	0.069	0.423
辽宁	−0.035	0.499	−0.015	0.486	0.000	0.475	0.027	0.454
内蒙古	0.121	0.301	0.108	0.316	0.146	0.272	0.137	0.281
宁夏	0.472	0.168	0.512	0.151	0.542	0.137	0.528	0.142
青海	0.714	0.047	0.813	0.030	0.755	0.039	0.686	0.054
陕西	0.423	0.061	0.389	0.077	0.387	0.077	0.377	0.082
山东	0.014	0.458	0.025	0.448	0.020	0.452	0.017	0.455
上海	4.299	0.000	4.783	0.000	4.912	0.000	5.140	0.000
山西	0.241	0.270	0.208	0.296	0.254	0.261	0.262	0.254
四川	0.411	0.083	0.399	0.090	0.340	0.123	0.303	0.147
天津	1.781	0.003	1.651	0.005	1.610	0.006	1.442	0.012
新疆	0.614	0.109	0.633	0.104	0.636	0.102	0.613	0.109
西藏	0.614	0.074	0.715	0.048	0.621	0.072	0.469	0.130
云南	0.693	0.052	0.732	0.045	0.650	0.064	0.568	0.089
浙江	1.435	0.000	1.787	0.000	1.856	0.000	1.991	0.000

资料来源：Stata 软件处理全国面板数据运行的结果数据。

通过 2010 年、2013 年、2016 年、2019 年这四年的农村居民人均可支配收入局部莫兰指数表可以得出哪些省（区、市）局部莫兰指数显著。在 10% 显著性水平上，在这 31 个省（区、市）当中，共有北京、甘肃、贵州、江苏、青海、陕西、上海、天津、云南、浙江 10 个地区的局部空间效应显著，说明这些区域农村居民人均可支配收入在一定程度上存在着较为明显的空间集聚现象。

（二）全样本的空间计量分析

1. 空间计量模型的选取

在之前的章节已经介绍了空间自回归模型（SAR）、空间误差模型（SEM）、空间杜宾模型（SDM）以及相关性检验，并结合实际情况选取相应的模型。

（1）拉格朗日乘数检验（LM 检验）。对面板数据要进行 LM 检验。在拉格朗日乘数空间误差（LM-Error）、拉格朗日乘数空间滞后（LM-Lag）检验的过程中，若二者均表现为不显著，那么必须要结合实际情况，引入普通混合回归（OLS）模型；若 LM-Error 显著，LM-Lag 不显著，那么应当运用 SEM 模型，反之，选取 SAR 模型；若 LM-Error、LM-Lag 均表现为显著，那么必须要开展稳健的拉格朗日乘数（Robust-LM）检验；若稳健的拉格朗日乘数空间误差（Robust-LM-Error）表现为显著、稳健的拉格朗日乘数空间滞后（Robust-LM-Lag）异之，那么应当选取 SEM，反之选 SAR；若 LM-Error、LM-Lag、Robust-LM-Lag、Robust-LM-Error 均为显著，选用 SDM，之后再进行沃尔德检验（Wald 检验）与似然比检验（LR 检验），然后研究 SDM 是否可退化为 SAR 与 SEM。

由表 5-4 可知，LM-Error 较为显著，但 LM-Lag 并不显著，所以需要拒绝普通的混合 OLS 模型，需要选用空间误差模型进行分析。

表 5-4 LM 检验表

项目	检验	统计量	自由度	P 值
空间误差 （LM-Error）	拉格朗日乘数（LM）	34.559	1	0.000
	稳健的拉格朗日乘数（Robust-LM）	35.062	1	0.000
空间滞后 （LM-Lag）	拉格朗日乘数（LM）	0.423	1	0.516
	稳健的拉格朗日乘数（Robust-LM）	0.925	1	0.336

资料来源：Stata 软件处理全国面板数据运行的结果数据。

（2）似然比检验（LR 检验）。进行 LR 检验，再次对 SDM 能否退化为 SAR、SEM 进行全面化分析，表 5-5 详细展示了分析结果，具体如下。

对 SDM、SAR 进行对比之后，若 P 值在 0.01 之下，并且结果显著，拒绝原假设，那么 SDM 不能退化为 SAR。

同理，当对 SDM、SEM 进行对比之后，P 值在 0.01 之下，结果显著、拒绝原假设，那么 SDM 不能退化为 SEM。

经过上述分析可知，SDM 不可退化为 SAR、SEM，因此并不能将 LM 检验作为重要参考，直接选择空间杜宾模型进行后续分析。

表 5 - 5　　　　　　　　　　　　　**LR 检验**

SDM 与 SAR 比较	SDM 与 SEM 比较
LR chi2(6) = 88.69	LR chi2(6) = 94.33
Prob > chi2 = 0.0000	Prob > chi2 = 0.0000

资料来源：Stata 软件处理全国面板数据运行的结果数据。

（3）豪斯曼检验。进行豪斯曼检验，先引入豪斯曼检验理论。

在对数据进行分析处理的过程之中，可以应用固定效应或随机效应，如果 $E(\varepsilon_{it} \mid X_{it}) = 0$ 成立，要应用随机效应模型，反之，要应用固定效应模型。豪斯曼检验的两个假设表达式如式（5.11）所示：

$$
\begin{cases}
H_0 : \text{plim}(\hat{\theta} - \tilde{\theta}) = 0 \\
H_1 : \text{plim}(\hat{\theta} - \tilde{\theta}) \neq 0
\end{cases}
\tag{5.11}
$$

若 H_0 成立，则：

$$
\sqrt{N}(\hat{\theta} - \tilde{\theta}) \rightarrow N(0, V_H)
\tag{5.12}
$$

在原假设条件成立的情况下，H 服从 $\chi^2(q)$，那么其将被直接定义为如式（5.13）所示：

$$
H = (\hat{\theta} - \tilde{\theta})(N^{-1}\hat{V}_H)^{-1}(\hat{\theta} - \tilde{\theta}) \rightarrow \chi^2(q)
\tag{5.13}
$$

对全样本面板数据进行豪斯曼检验，结果如表 5 - 6 所示。

通过对表 5 - 6 数据进行观察与分析可以发现，面板数据豪斯曼检验 P 值为显著，因此拒绝原假设，选取固定效应。

表 5 - 6　　　　　　　　　　　　　豪斯曼检验

项目	系数
卡方检验值	70. 16
P 值	0. 0000

资料来源：Stata 软件处理全国面板数据运行的结果数据。

2. 模型结果分析与效应分解

在进行相关性检验后，建立空间杜宾模型，表 5 - 7 列出了不同固定效应下的空间杜宾模型。

通过对表 5 - 7 进行观察与分析可以发现，时间固定效应、个体固定效应与双固定效应都具备较高的拟合度，即分别为 94.54%、98.51%、96.58%，个体固定效应 SDM 最高，但与其他两效应相差甚微，故需再根据其他指标进行分析选取。

表 5 - 7　　　　　　　　　　不同固定效应下的空间杜宾模型估计

变量	时间固定			个体固定			双固定		
	系数	标准误	P 值	系数	标准误	P 值	系数	标准误	P 值
Lnx1	0. 604 ***	0. 083	0. 000	0. 054	0. 063	0. 393	- 0. 046	0. 043	0. 283
Lnx2	0. 033	0. 030	0. 275	0. 045 ***	0. 015	0. 004	0. 003	0. 010	0. 737
Lnx3	- 0. 020 **	0. 010	0. 040	- 0. 008 *	0. 005	0. 095	0. 006 *	0. 003	0. 060
Lnx4	0. 126 ***	0. 017	0. 000	0. 084 ***	0. 011	0. 000	0. 018 **	0. 008	0. 028
Lnx5	0. 247 ***	0. 032	0. 000	0. 090 ***	0. 023	0. 000	0. 032 **	0. 016	0. 043
Lnx6	- 0. 173 ***	0. 027	0. 000	- 0. 067 ***	0. 026	0. 009	0. 004	0. 017	0. 824
Lnx7	- 0. 012 ***	0. 004	0. 005	0. 092 ***	0. 022	0. 000	0. 017	0. 015	0. 249
Lnx8	0. 059 ***	0. 010	0. 000	0. 031 ***	0. 006	0. 000	0. 017 ***	0. 005	0. 000
Lnx9	0. 009	0. 018	0. 604	0. 033	0. 037	0. 377	0. 015	0. 024	0. 533
Lnx10	- 0. 148 ***	0. 045	0. 001	0. 046 *	0. 025	0. 073	- 0. 030 *	0. 017	0. 082
Lnx11	0. 074 **	0. 031	0. 017	- 0. 006	0. 015	0. 694	0. 031 ***	0. 010	0. 002
Lnx12	0. 061	0. 039	0. 119	0. 225 ***	0. 030	0. 000	0. 033	0. 022	0. 127
WLnx1	0. 011	0. 156	0. 945	0. 463 ***	0. 126	0. 000	0. 314 ***	0. 083	0. 000

变量	时间固定			个体固定			双固定		
	系数	标准误	P 值	系数	标准误	P 值	系数	标准误	P 值
WLnx2	− 0.078	0.053	0.140	− 0.008	0.025	0.762	0.005	0.019	0.793
WLnx3	0.036 *	0.021	0.082	0.001	0.009	0.925	0.025 ***	0.007	0.000
WLnx4	− 0.034	0.032	0.285	− 0.070 ***	0.022	0.001	− 0.028	0.017	0.105
WLnx5	0.157 ***	0.050	0.002	0.133 ***	0.039	0.001	0.210 ***	0.033	0.000
WLnx6	− 0.019	0.044	0.675	0.108 **	0.043	0.011	0.098 ***	0.031	0.002
WLnx7	− 0.030 ***	0.012	0.010	− 0.118 ***	0.036	0.001	− 0.159 ***	0.026	0.000
WLnx8	0.041 **	0.017	0.017	0.027 **	0.012	0.026	0.011	0.010	0.268
WLnx9	− 0.029	0.045	0.516	0.039	0.076	0.609	0.097 *	0.053	0.068
WLnx10	− 0.471 ***	0.086	0.000	0.061	0.051	0.226	0.069 **	0.035	0.050
WLnx11	0.035	0.062	0.574	0.003	0.030	0.910	0.019	0.020	0.333
WLnx12	0.122 *	0.071	0.086	− 0.100 **	0.051	0.050	− 0.093 **	0.045	0.041
R^2	0.9454			0.9851			0.9658		
对数似然值	301.7838			593.1082			735.7218		
赤池信息准则	− 553.568			− 1134.216			− 1421.444		

注：*** 表示 P 值在 1% 显著水平上，** 表示 P 值在 5% 显著水平上，* 表示 P 值在 10% 显著水平上。

资料来源：Stata 软件处理全国面板数据运行的结果数据。

从对数似然值（log-likelihood）来看，时间固定效应、个体固定效应、双固定效应分别为 301.7838、593.1082、735.7218，可见双固定效应 SDM 的对数似然值大于其他两种固定效应下的 SDM，并且双固定效应 SDM 的赤池信息准则（AIC）指标为 − 1421.444，低于时间固定效应 SDM 与个体固定效应 SDM。因此，根据 R^2、对数似然值、赤池信息准则这三项数值，得出双固定效应 SDM 更为适宜。

由个体固定效应 SDM 中自变量参数估计结果可知，农村人均医疗救助支出的回归系数为 0.006，且在 10% 的显著性水平上促进农民收入增加，即在其他条件不变的情况下，农村人均医疗救助支出每增加 1%，农村居民人均可支配收入会增加 0.006%；农村中小学教学仪器设备价值的回归系数为

0.018，且影响较为显著；农村中小学生均教育经费的回归系数为 0.032，同时还顺利通过了 5% 的显著性水平检验，表明了农村中小学生均教育经费提升对于农民收入增加的推动作用较为显著；农村信息网络的回归系数为 0.017，通过了 1% 的显著性水平检验，说明农村信息网络的发展有效推动了农民收入的增长；农村每千人口床位数通过了 10% 的显著性水平检验，回归系数为 -0.030，说明其对农民收入增加存在一定阻碍作用，但不明显。农村每千人卫生技术人员通过了 1% 的显著性水平检验，回归系数为 0.314，说明其对农民收入增长具有显著促进作用。

分析了各指标的回归系数后，对面板数据进行双固定效应下空间杜宾模型的效应分解，所得结果如表 5 -8 所示。

表 5 -8　　　　　　　　双固定效应下空间杜宾模型效应分解

变量	直接效应	间接效应（空间溢出效应）	总效应
Lnx1	0.012	0.003 *	0.015
Lnx2	0.006 **	-0.005 *	0.001
Lnx3	0.008 *	-0.028 ***	-0.021 ***
Lnx4	0.008 **	0.007 *	0.015
Lnx5	-0.021	0.008	-0.013
Lnx6	-0.003 ***	-0.060 *	-0.063 ***
Lnx7	0.017 *	-0.048 *	-0.031
Lnx8	0.010	0.004 ***	0.014
Lnx9	-0.103 ***	0.095 *	-0.007
Lnx10	-0.078 ***	0.083 **	0.005
Lnx11	-0.003	-0.010	-0.013
Lnx12	0.008 **	0.027 *	0.034

注：*** 表示 P 值在 1% 显著水平上，** 表示 P 值在 5% 显著水平上，* 表示 P 值在 10% 显著水平上。

资料来源：Stata 软件处理全国面板数据运行的结果数据。

农村养老保险参保领取率的空间溢出效应值为 0.003，通过了 10% 的显著性水平检验，说明农村养老保险参保领取率的空间溢出效应较不明显；农村人均居民最低生活保障支出的空间溢出效应为 -0.005，通过了 10% 的显著性水平检验，作用效果较不明显；农村人均医疗救助支出的空间溢出效应为 -0.028，通过了 1% 的显著性水平检验，说明本地区农村人均医疗救助支出的增加对邻接地区农民收入具有一定程度的抑制作用。农村人均居民最低生活保障支出、农村养老保险参保领取率、农村人均医疗救助支出等作为农村社会保障供给的重要组成部分，能够在当期直接提高部分农民的收入，但长期来看对大多数农民的收入状况并不能从根本上改善，其主要起着社会托底的作用。所以，农村公共产品供给的空间溢出效应不明显。

农村中小学教学仪器设备价值的空间溢出效应通过了 10% 的显著性水平检验，表明农村中小学教学仪器设备价值具有一定的空间溢出正效应，即本地区农村中小学教学仪器设备投入的增加会一定程度上促进邻接地区农民收入的增长，这是因为本地区办学条件的改善，吸引邻接地区学生来就学，促进农民基本素质的提高。在 5% 的显著性水平检验下，农村中小学专任教师的空间溢出效应为负值，这表明本地区农村中小学专任教师人数不断增加，将会导致邻接地区的农村居民人均可支配收入的减少，这是因为本地区会吸引更多的中小学专任教师，使得邻接地区中小学专任教师人数减少，影响邻接地区的教学质量，进而影响邻接地区农民的素质。一般而言，农民素质高低与其收入水平呈同向变化关系。所以，农村义务教育供给的空间溢出效应明显。

财政支农的空间溢出效应值为负，通过了 10% 的显著性水平检验，这表明本地区对农林水财政投入的增加对邻接地区的农民收入增长具有一定的抑制作用。农村信息网络的空间溢出效应值为正，通过了 1% 的显著性水平检验，这表明对邻接地区农民收入具有正向影响。这是因为农林水财政投入的增加，改善了本地农业生产环境，提高了本地农产品的竞争力，使得邻接地区农产品处于竞争劣势，限制了邻接地区农民收入的增长。农村信息网络的普及，使得本地及邻接地区农民可以及时了解市场的信息，降低市场风险，有利于本地及邻接地区农民收入增加。总之，农村基础设施供给的空间溢出效应明显。

农村村卫生室空间溢出效应值为正，通过了 10% 的显著性水平检验，说明对邻接地区的农民收入具有正向的影响。农村每千人口床位数的空间溢出效应值为正，通过了 5% 的显著性水平检验，对邻接地区的农民收入正向影响程度较大。这是因为农村医疗卫生供给的增加，能够改善农村医疗卫生条件，直接降低疾病发病率和患病周期，减少农民的医疗支出并同时保障其拥有健康的身体，而良好的身体素质是农民获得更高工资收入的前提条件。所以，农村医疗卫生供给的空间溢出效应明显。

（三）分地区样本的空间计量分析

1. LM 检验

对东部、中部、西部及东北地区面板数据进行 LM 检验，所得结果如表 5-9 所示。由表 5-9 可知，东部地区的 LM-Error 与 Robust-LM-Error、LM-Lag 与 Robust-LM-Lag 都非常显著，故应选用 SDM 模型。中部地区 LM-Error 显著，故应采用 SEM 模型。西部地区 LM-Error 与 Robust-LM-Error 非常显著，但 Robust-LM-Lag 并不显著，所以需要拒绝普通的混合 OLS 模型，选用 SEM 模型进行分析。东北地区的 LM-Error 与 LM-Lag 都不显著，此时看 Robust-LM-Error 及 Robust-LM-Lag，Robust-LM-Lag 通过了 5% 的显著性水平检验，则需拒绝普通混合 OLS 模型，选择 SAR 模型进行分析。

表 5-9 东部、中部、西部及东北地区面板数据 LM 检验

区域	项目	检验	统计	自由度	P 值
东部地区	空间误差（LM-Error）	拉格朗日乘数（LM）	15.437	1	0.000
		稳健的拉格朗日乘数（Robust-LM）	15.618	1	0.000
	空间滞后（LM-Lag）	拉格朗日乘数（LM）	0.848	1	0.000
		稳健的拉格朗日乘数（Robust-LM）	1.030	1	0.000
中部地区	空间误差（LM-Error）	拉格朗日乘数（LM）	3.272	1	0.070
		稳健的拉格朗日乘数（Robust-LM）	5.028	1	0.025
	空间滞后（LM-Lag）	拉格朗日乘数（LM）	1.898	1	0.168
		稳健的拉格朗日乘数（Robust-LM）	3.654	1	0.056
西部地区	空间误差（LM-Error）	拉格朗日乘数（LM）	27.472	1	0.000
		稳健的拉格朗日乘数（Robust-LM）	24.378	1	0.000
	空间滞后（LM-Lag）	拉格朗日乘数（LM）	3.107	1	0.078
		稳健的拉格朗日乘数（Robust-LM）	0.013	1	0.909

续表

区域	项目	检验	统计	自由度	P 值
东北地区	空间误差（LM-Error）	拉格朗日乘数（LM）	2.973	1	0.085
		稳健的拉格朗日乘数（Robust-LM）	1.602	1	0.206
	空间滞后（LM-Lag）	拉格朗日乘数（LM）	6.286	1	0.012
		稳健的拉格朗日乘数（Robust-LM）	4.915	1	0.027

资料来源：Stata 软件处理全国面板数据运行的结果数据。

2. LR 检验

进行 Wald 检验之后，再对东部、中部、西部及东北地区继续进行 LR 检验，对 SDM 能否退化为 SAR、SEM 作出判定。表 5 - 10 详细列出了分析结果。

表 5 - 10　　　　东部、中部、西部及东北地区面板数据 LR 检验

项目	SDM 与 SAR 比较	SDM 与 SEM 比较
东部地区	LR chi2(6) = 43.12 Prob > chi2 = 0.0000	LR chi2(6) = 31.43 Prob > chi2 = 0.0009
中部地区	LR chi2(6) = 49.64 Prob > chi2 = 0.0000	LR chi2(6) = 44.37 Prob > chi2 = 0.0000
西部地区	LR chi2(6) = 69.04 Prob > chi2 = 0.0000	LR chi2(6) = 63.77 Prob > chi2 = 0.0000
东北地区	LR chi2(6) = 59.89 Prob > chi2 = 0.0000	LR chi2(6) = 53.55 Prob > chi2 = 0.0000

资料来源：Stata 软件处理全国面板数据运行的结果数据。

对于东部地区而言，当进行 LR 检验，并对 SDM、SAR 进行对比分析之后，P 值在 0.01 之下，结果显著，拒绝原假设，因此 SDM 无法退化为 SAR。同理，当进行 LR 检验并对 SDM、SAR 进行对比之后，P 值在 0.01 之下，结果显著，拒绝原假设，因此 SDM 不能退化为 SEM。中部地区、西部地区、东北地区均与东部区域的检验结果高度相似，将三地区的 SDM、SAR、SEM 进行对比分析之后，SDM 不可退化为 SAR 与 SEM。

根据 LM、Wald、LR 检验可知，对东部、中部、西部及东北地区面板数据分析，都需使用空间杜宾模型。

3. 豪斯曼检验

确定了东部、中部、西部及东北地区所使用的模型后，还应当结合实际情况，再次明确是选用随机效应还是固定效应，在此条件之下，还必须要进行豪斯曼检验。具体检验结果如表 5 – 11 所示。

表 5 – 11　　　　东部、中部、西部及东北地区面板数据豪斯曼检验

区域	项目	数值
东部地区	卡方检验值	39.73
	P 值	0.0000
中部地区	卡方检验值	25.29
	P 值	0.0001
西部地区	卡方检验值	81.46
	P 值	0.0000
东北地区	卡方检验值	1.39
	P 值	0.4986

资料来源：Stata 软件处理全国面板数据运行的结果数据。

根据表 5 – 11 所得结果可知，对于东北地区面板数据来讲，经过豪斯曼检验后，P 值不显著，因此需要接受原假设并选取随机效应。但是对于东部地区、中部地区、西部地区而言，经过豪斯曼检验之后，P 值通过 1% 显著性水平检验，拒绝原假设，故选择固定效应进行研究。

4. 模型结果分析与效应分解

（1）东部地区模型结果分析与效应分解。经过上述检验与分析得出东部地区需要构建空间杜宾模型，那么，此时需要构建时间、个体、双固定三种不同效应之下的空间杜宾模型，然后将三者进行对比分析，并由此找出最适宜的效应，详细分析结果如表 5 – 12 所示。

表 5 – 12　　　　　　　　　东部地区不同固定效应下的空间杜宾模型

变量	时间固定			个体固定			双固定		
	系数	标准误	P 值	系数	标准误	P 值	系数	标准误	P 值
Lnx1	− 0. 338	0. 123	0. 006	0. 066	0. 157	0. 672	− 0. 266	0. 094	0. 005
Lnx2	− 0. 028	0. 020	0. 152	0. 038 *	0. 030	0. 099	− 0. 045	0. 018	0. 010
Lnx3	0. 003	0. 006	0. 669	− 0. 019 **	0. 008	0. 019	0. 001	0. 005	0. 905
Lnx4	0. 037	0. 017	0. 034	0. 101 **	0. 040	0. 011	− 0. 038	0. 023	0. 092
Lnx5	− 0. 079	0. 032	0. 015	0. 003	0. 053	0. 952	− 0. 059	0. 031	0. 059
Lnx6	− 0. 169	0. 025	0. 000	− 0. 052 *	0. 049	0. 061	0. 026	0. 032	0. 416
Lnx7	0. 008	0. 004	0. 042	0. 075 *	0. 052	0. 100	0. 073	0. 027	0. 007
Lnx8	− 0. 023	0. 010	0. 018	0. 060 ***	0. 016	0. 000	− 0. 004	0. 011	0. 705
Lnx9	− 0. 133	0. 040	0. 001	0. 208	0. 136	0. 128	− 0. 089	0. 082	0. 275
Lnx10	− 0. 012	0. 020	0. 565	0. 015	0. 033	0. 642	− 0. 030	0. 019	0. 112
Lnx11	0. 001	0. 013	0. 918	− 0. 008	0. 018	0. 661	0. 016	0. 010	0. 132
Lnx12	0. 097	0. 034	0. 005	0. 399 ***	0. 049	0. 000	− 0. 013	0. 040	0. 742
WLnx1	− 0. 065	0. 202	0. 750	0. 346	0. 269	0. 198	− 0. 093	0. 163	0. 570
WLnx2	− 0. 002	0. 029	0. 943	0. 010	0. 039	0. 799	− 0. 002	0. 022	0. 939
WLnx3	− 0. 001	0. 010	0. 901	− 0. 029	0. 015	0. 049	0. 005	0. 009	0. 563
WLnx4	− 0. 074	0. 034	0. 028	− 0. 237	0. 058	0. 000	0. 109	0. 043	0. 012
WLnx5	0. 057	0. 042	0. 181	0. 243	0. 083	0. 004	0. 084	0. 055	0. 122
WLnx6	0. 150	0. 044	0. 001	0. 149	0. 056	0. 008	0. 012	0. 042	0. 770
WLnx7	− 0. 075	0. 011	0. 000	− 0. 264	0. 071	0. 000	− 0. 207	0. 051	0. 000
WLnx8	− 0. 009	0. 017	0. 582	0. 073	0. 029	0. 011	− 0. 004	0. 017	0. 810
WLnx9	0. 092	0. 057	0. 108	− 0. 041	0. 250	0. 871	− 0. 023	0. 140	0. 871
WLnx10	0. 041	0. 040	0. 299	0. 013	0. 057	0. 815	0. 031	0. 034	0. 364
WLnx11	− 0. 039	0. 025	0. 112	0. 003	0. 032	0. 922	− 0. 007	0. 019	0. 722
WLnx12	− 0. 057	0. 032	0. 074	0. 110	0. 085	0. 195	− 0. 136	0. 058	0. 019
R^2	0. 7594			0. 9862			0. 8917		
对数似然值	227. 1043			197. 2281			262. 6424		
赤池信息准则	− 404. 2086			− 342. 4561			− 475. 2848		

注: *** 表示 P 值在 1% 显著水平上，** 表示 P 值在 5% 显著水平上，* 表示 P 值在 10% 显著
水平上。

资料来源：Stata 软件处理全国面板数据运行的结果数据。

通过对表 5 – 12 结果进行分析可以发现，对于东部面板数据的空间杜宾
模型来讲，只有在基于个体固定效应的条件下才可以实现拟合度最高的结
果，达到了 98. 62%，其次为基于双固定效应、时间固定效应的模型，拟合

度分别为 89.17%、75.94%。但是在双固定效应条件之下，对数似然值（log-likelihood）、赤池信息准则（AIC）分别达到最大与最小，分别为262.6424、－475.2848。根据上述三项不同参数，综合多方面因素考虑，选取个体效应空间杜宾模型。当处于个体固定效应条件下时，东部地区农村中小学教学仪器设备价值、农村信息网络、农村医疗卫生投入这三项指标对农民收入增加有显著的积极影响，即这三项指标分别每增加1%，分别会引起农民收入增加0.101%、0.060%、0.399%。

得出了各项指标的回归系数后，对东部地区面板数据进行效应分解，所得结果如表5-13所示。通过对表5-13分析可知，在东部地区，农村中小学专任教师数、农村村卫生室的直接效应值都通过了1%的显著性水平检验，二者都会对本地区农民收入产生消极影响，空间溢出效应值为正，都通过了1%的显著性水平检验，对邻接地区农民收入产生积极影响。农村中小学生均教育经费、财政支农的空间溢出效应值都通过了1%的显著性水平检验，前者会对邻接地区农民收入产生积极影响，后者会对邻接地区农民收入产生消极影响。农村养老保险参保领取率、农村中小学专任教师数、农村村卫生室、农村每千人卫生技术人员这四项指标的空间溢出效应值通过了5%的显著性水平检验，其中第一项、第四项指标都会对邻接地区农民收入产生消极影响，第二项、第三项都会对邻接地区农民收入产生积极影响。农村人均居民最低生活保障支出、农村中小学教学仪器设备价值、农村每千人口床位数这三项指标的空间溢出效应都通过了10%的显著性水平检验，其中前两项指标都会对邻接地区农村收入产生消极影响，后一项指标会对邻接地区农民收入产生积极影响。

表 5－13　　　　　　　　　　　　东部地区效应分解

变量	直接效应	间接效应（空间溢出效应）	总效应
Lnx1	－0.354**	－0.173**	－0.527
Lnx2	－0.031*	－0.012*	－0.042*
Lnx3	0.003	－0.001	0.002
Lnx4	0.029*	－0.072*	－0.043

变量	直接效应	间接效应（空间溢出效应）	总效应
Lnx5	− 0. 076 **	0. 038 ***	− 0. 038
Lnx6	− 0. 154 ***	0. 117 **	− 0. 037 *
Lnx7	− 0. 001	− 0. 082 ***	− 0. 084 ***
Lnx8	− 0. 026 **	− 0. 018	− 0. 044
Lnx9	− 0. 128 ***	0. 056 **	− 0. 071
Lnx10	− 0. 007	0. 043 *	0. 036
Lnx11	− 0. 004 **	− 0. 044 **	− 0. 048
Lnx12	0. 093 **	− 0. 034	0. 059

注：*** 表示 P 值在 1% 显著水平上，** 表示 P 值在 5% 显著水平上，* 表示 P 值在 10% 显著水平上。

资料来源：Stata 软件处理全国面板数据运行的结果数据。

（2）中部地区模型结果分析与效应分解。经过上述检验与分析得出中部地区需要构建空间杜宾模型，那么，此时需要构建时间、个体、双固定三种不同效应之下的空间杜宾模型，然后将三者进行对比分析，并由此找出最适宜的效应，详细分析结果如表 5 – 14 所示。

表 5 – 14　　　　　中部地区不同固定效应下的空间杜宾模型

变量	时间固定			个体固定			双固定		
	系数	标准误	P 值	系数	标准误	P 值	系数	标准误	P 值
Lnx1	0. 498	0. 173	0. 004	− 0. 039	0. 147	0. 790	0. 128	0. 131	0. 331
Lnx2	0. 067	0. 022	0. 002	0. 059 ***	0. 016	0. 000	0. 036	0. 012	0. 003
Lnx3	− 0. 012	0. 009	0. 151	− 0. 007	0. 007	0. 311	− 0. 007	0. 005	0. 190
Lnx4	0. 053	0. 019	0. 005	0. 003	0. 014	0. 848	0. 015	0. 012	0. 198
Lnx5	− 0. 037	0. 029	0. 202	0. 015	0. 024	0. 528	0. 004	0. 020	0. 842
Lnx6	− 0. 041	0. 031	0. 189	− 0. 014	0. 023	0. 525	− 0. 015	0. 020	0. 457
Lnx7	0. 034	0. 030	0. 253	− 0. 092 ***	0. 028	0. 001	− 0. 096	0. 022	0. 000
Lnx8	0. 012	0. 019	0. 518	− 0. 012	0. 012	0. 299	− 0. 024	0. 012	0. 050
Lnx9	− 0. 055	0. 022	0. 015	0. 099 **	0. 049	0. 041	0. 044	0. 036	0. 223
Lnx10	0. 121	0. 069	0. 079	− 0. 086 *	0. 050	0. 088	0. 028	0. 041	0. 491
Lnx11	− 0. 013	0. 079	0. 869	0. 127 *	0. 059	0. 031	0. 084	0. 053	0. 114

续表

变量	时间固定			个体固定			双固定		
	系数	标准误	P 值	系数	标准误	P 值	系数	标准误	P 值
Lnx12	−0.014	0.044	0.756	−0.016	0.031	0.609	−0.007	0.031	0.819
WLnx1	0.489	0.332	0.141	−0.023	0.235	0.923	0.296	0.216	0.170
WLnx2	−0.034	0.056	0.542	−0.006	0.028	0.821	0.016	0.034	0.645
WLnx3	−0.027	0.020	0.186	−0.027	0.013	0.035	−0.018	0.011	0.108
WLnx4	0.009	0.069	0.891	−0.029	0.032	0.365	−0.032	0.044	0.465
WLnx5	0.042	0.078	0.589	0.140	0.045	0.002	−0.006	0.053	0.907
WLnx6	−0.058	0.057	0.311	0.016	0.040	0.687	0.005	0.045	0.905
WLnx7	0.020	0.091	0.829	0.162	0.045	0.000	−0.012	0.055	0.825
WLnx8	0.080	0.042	0.057	0.050	0.021	0.017	−0.022	0.027	0.415
WLnx9	−0.268	0.078	0.001	−0.203	0.085	0.017	−0.117	0.075	0.117
WLnx10	0.306	0.139	0.028	0.002	0.099	0.985	0.033	0.089	0.714
WLnx11	−0.712	0.168	0.000	−0.118	0.105	0.260	−0.023	0.110	0.833
WLnx12	0.040	0.102	0.695	0.121	0.055	0.026	0.150	0.095	0.115
R^2	0.9660			0.9988			0.7239		
对数似然值	188.5124			192.3741			227.3936		
赤池信息准则	−325.0247			−332.7482			−402.7871		

注：*** 表示 P 值在 1% 显著水平上，** 表示 P 值在 5% 显著水平上，* 表示 P 值在 10% 显著水平上。

资料来源：Stata 软件处理全国面板数据运行的结果数据。

通过对表 5－14 进行分析可以发现，对于中部面板数据的空间杜宾模型来讲，只有在基于个体固定效应的条件下才可以实现拟合度最高的结果，达到了99.88%，其次为基于双固定效应、时间固定效应，拟合度分别为 96.60%、72.39%。但是在双固定效应条件之下，对数似然值（log-likelihood）、赤池信息准则（AIC）分别达到最大与最小，分别为 227.3936、−402.7871。

根据上述三项不同参数，综合多方面因素考虑，选取个体固定效应空间杜宾模型。当处于个体固定效应条件下时，中部地区农村人均居民最低生活保障支出、财政支农两项指标都通过了 1% 的显著性水平检验，都对农民收入产生显著影响，其中前项指标产生积极影响，后项指标产生消极影响。村卫生室这项指标通过了 1% 的显著性水平检验，其对农民收入产生积极影响，而且影响程度较大。农村每千人口床位数、农村每千人卫生技术人员都通过了 10% 的显著性水平检验，前者会对农村居民收入产生消极影响，而后者则会产生积极影响。

　　得出了各项指标的回归系数后，对中部地区面板数据进行效应分解，所得结果如表 5 - 15 所示。通过对表 5 - 15 进行分析可知，在中部地区，农村人均居民最低生活保障支出、农村中小学生均教育经费以及村卫生室三项指标都通过了 10% 的显著性水平检验，其直接效应都十分显著，这三项指标都会对本地区农村收入产生显著且积极的影响。中部地区农村中小学生均教育经费以及财政支农的空间溢出效应值通过了 1% 的显著性水平检验，两者会对邻接地区的农民收入带来积极影响；农村人均医疗救助支出、农村每千人口床位数、农村中小学生均教育经费以及农村信息网络都通过了 5% 的显著性水平检验，前两项指标都会对邻接地区的农民收入带来消极影响，后两项指标都会对农村居民收入带来积极影响。

表 5 - 15　　　　　　　　　　　　　中部地区效应分解

变量	直接效应	间接效应（空间溢出效应）	总效应
Lnx1	− 0.040	− 0.052 *	− 0.092
Lnx2	0.067 ***	0.054	0.121 *
Lnx3	0.016 *	− 0.062 **	− 0.046 **
Lnx4	− 0.006	− 0.056	− 0.063
Lnx5	0.062 **	0.293 ***	0.355 ***
Lnx6	− 0.012	0.014	0.002
Lnx7	− 0.058 *	0.214 ***	0.156
Lnx8	0.001	0.087 **	0.088 *
Lnx9	0.055 **	− 0.301	− 0.246
Lnx10	− 0.094	− 0.074 **	− 0.168
Lnx11	0.107 *	− 0.104	0.002
Lnx12	0.022 *	0.225 **	0.246 *

　　注：*** 表示 P 值在 1% 显著水平上，** 表示 P 值在 5% 显著水平上，* 表示 P 值在 10% 显著水平上。

　　资料来源：Stata 软件处理全国面板数据运行的结果数据。

（3）西部地区模型结果分析与效应分解。通过四项检验得出西部地区面板数据需要构建固定效应空间杜宾模型，同时还需建立时间、个体、双固定效应之下的空间杜宾模型，然后在此基础之上进行深入化对比与分析，并选取最适宜的效应展开深入化研究，所得结果如表5－16所示。

表5－16　　　　　　　　西部地区不同固定效应下的空间杜宾模型

变量	时间固定			个体固定			双固定		
	系数	标准误	P 值	系数	标准误	P 值	系数	标准误	P 值
Lnx1	0.589	0.147	0.000	0.059	0.080	0.457	−0.063	0.067	0.343
Lnx2	0.018	0.027	0.502	0.008	0.012	0.513	0.010	0.010	0.335
Lnx3	0.018	0.010	0.088	0.004	0.005	0.392	−0.002	0.004	0.524
Lnx4	0.051	0.026	0.044	−0.020 *	0.011	0.074	−0.022	0.010	0.021
Lnx5	0.227	0.040	0.000	0.014	0.018	0.455	−0.014	0.016	0.404
Lnx6	−0.140	0.028	0.000	−0.024	0.023	0.283	0.013	0.016	0.526
Lnx7	0.037	0.040	0.348	0.055 ***	0.019	0.003	0.014	0.016	0.390
Lnx8	0.014	0.009	0.113	−0.003	0.004	0.528	0.006	0.004	0.136
Lnx9	0.028	0.029	0.339	0.008	0.022	0.713	−0.032	0.020	0.111
Lnx10	−0.033	0.062	0.601	−0.057	0.042	0.173	−0.168	0.038	0.000
Lnx11	0.157	0.065	0.015	0.064 *	0.040	0.100	0.126	0.036	0.000
Lnx12	0.044	0.045	0.327	0.089 ***	0.026	0.001	0.081	0.025	0.001
WLnx1	−1.750	0.345	0.000	0.047	0.168	0.782	−0.250	0.149	0.094
WLnx2	0.050	0.069	0.474	−0.011	0.020	0.597	0.002	0.024	0.949
WLnx3	−0.037	0.020	0.065	−0.029	0.009	0.001	−0.037	0.009	0.000
WLnx4	−0.318	0.067	0.000	0.086	0.020	0.000	0.048	0.025	0.053
WLnx5	−0.425	0.092	0.000	0.089	0.033	0.007	−0.031	0.046	0.494
WLnx6	−0.085	0.102	0.403	0.068	0.038	0.074	0.149	0.043	0.001
WLnx7	−0.016	0.091	0.860	−0.029	0.029	0.312	−0.055	0.033	0.101
WLnx8	−0.066	0.025	0.008	−0.003	0.007	0.704	0.021	0.011	0.062
WLnx9	0.164	0.068	0.017	0.026	0.053	0.623	−0.118	0.057	0.038

变量	时间固定			个体固定			双固定		
	系数	标准误	P 值	系数	标准误	P 值	系数	标准误	P 值
WLnx10	− 0.592	0.182	0.001	0.289	0.094	0.002	− 0.331	0.117	0.005
WLnx11	0.397	0.159	0.013	− 0.129	0.087	0.136	0.238	0.093	0.011
WLnx12	0.546	0.126	0.000	− 0.046	0.040	0.253	− 0.032	0.074	0.661
R^2	0.1017			0.9977			0.6734		
对数似然值	213.9420			333.4445			372.3955		
赤池信息准则	− 375.884			− 614.889			− 692.7909		

注：*** 表示 P 值在 1% 显著水平上，** 表示 P 值在 5% 显著水平上，* 表示 P 值在 10% 显著水平上。

资料来源：Stata 软件处理全国面板数据运行的结果数据。

根据表 5 - 16 可知，只有在个体固定效应条件下，西部地区面板数据的空间杜宾模型的拟合优度（R^2）才可以达到最高值，即 99.77%，而双固定效应、时间固定效应下的拟合优度较差，分别为 67.34%、10.17%。但处于双固定效应条件下时，其对数似然值（log-likelihood）达到最大，为 372.3955，并且赤池信息准则（AIC）最小，为 − 692.7909。根据以上分析所求出的各项参数，综合多方面因素考虑，选取基于个体固定效应条件下的空间杜宾模型，并在此基础之上展开深入研究。

在个体固定效应条件下，西部地区的财政支农及医疗卫生投入这两项指标对农民收入有显著且积极的影响，这两项指标每增加 1%，分别会使农民收入水平提高 0.055%、0.089%。

对西部地区面板数据建立个体固定效应空间杜宾模型，并进行效应分解，所得分析结果如表 5 - 17 所示。

表 5 - 17　　　　　　　　　西部地区效应分解

变量	直接效应	间接效应（空间溢出效应）	总效应
Lnx1	0.842 ***	− 1.620 ***	− 0.778 **
Lnx2	0.012	0.031	0.043

变量	直接效应	间接效应（空间溢出效应）	总效应
Lnx3	0.025 **	− 0.036 **	− 0.012
Lnx4	0.092 ***	− 0.268 ***	− 0.176 ***
Lnx5	0.292 ***	− 0.423 ***	− 0.131
Lnx6	− 0.137 ***	− 0.012	− 0.148 **
Lnx7	0.042	− 0.032	0.011
Lnx8	0.023 ***	− 0.058 ***	− 0.035 *
Lnx9	0.013	0.118 **	0.131 **
Lnx10	0.035	− 0.456 ***	− 0.421 ***
Lnx11	0.122 *	0.249 **	0.371 ***
Lnx12	− 0.024	0.414 ***	0.390 ***

注：*** 表示 P 值在 1% 显著水平上，** 表示 P 值在 5% 显著水平上，* 表示 P 值在 10% 显著水平上。

资料来源：Stata 软件处理全国面板数据运行的结果数据。

由表 5 - 17 可知，西部地区的农村养老保险参保领取率、农村中小学教学仪器设备价值、农村中小学生均教育经费、农村中小学专任教师数、农村信息网络的直接效应值通过了 1% 的显著性水平检验，表明除了农村中小学专任教师数这项指标会对本地区农民收入产生不利影响外，其他几项指标都会对本地区的农民收入产生显著的促进作用。

农村养老保险参保领取率、农村中小学教学仪器设备价值、农村中小学生均教育经费、农村信息网络、农村每千人口床位数以及农村医疗卫生投入这六项指标都通过了 1% 的显著性水平检验，其中前五项指标会对邻接地区农民收入产生消极影响，第六项指标则会对邻接地区农民收入产生积极影响。农村人均医疗救助支出、村卫生室以及农村每千人卫生技术人员都通过了 5% 的显著性水平检验，其中前一项指标会对邻接地区农民收入产生消极影响，后两项指标会对邻接地区农民收入产生积极影响。

（4）东北地区模型结果分析与效应分解。经过上述检验与分析，可知东北地区应当构建随机效应空间杜宾模型，其详细结果如表 5 - 18 所示。

表 5 - 18 东北地区随机效应下空间杜宾模型

变量	系数	标准误	P 值
Lnx1	0.640 ***	0.110	0.000
Lnx2	-0.069 ***	0.016	0.000
Lnx3	-0.013 **	0.006	0.039
Lnx4	-0.082 **	0.034	0.015
Lnx5	-0.010	0.020	0.640
Lnx6	0.034 **	0.052	0.031
Lnx7	0.006	0.022	0.777
Lnx8	0.011	0.011	0.327
Lnx9	0.382 ***	0.066	0.000
Lnx10	0.074	0.088	0.404
Lnx11	-0.096	0.083	0.250
Lnx12	0.091 **	0.041	0.026
WLnx1	0.625	0.092	0.000
WLnx2	0.037	0.020	0.057
WLnx3	0.012	0.008	0.118
WLnx4	0.046	0.029	0.116
WLnx5	-0.044	0.032	0.170
WLnx6	0.982	0.155	0.000
WLnx7	0.196	0.031	0.000
WLnx8	0.228	0.032	0.000
WLnx9	-1.112	0.146	0.000
WLnx10	1.025	0.206	0.000
WLnx11	-0.945	0.226	0.000
WLnx12	0.423	0.074	0.000
R^2	0.9998		
对数似然值	128.5589		
赤池信息准则	-205.1179		

注：*** 表示 P 值在 1% 显著水平上，** 表示 P 值在 5% 显著水平上，* 表示 P 值在 10% 显著水平上。

资料来源：Stata 软件处理全国面板数据运行的结果数据。

　　由表5-18可知，东北地区的农村养老保险参保领取率、村卫生室、人均农村居民最低生活保障支出都通过了1%的显著性水平检验，说明这三项指标对于农民收入的影响显著，即农村养老保险参保领取率、村卫生室、农村居民最低生活保障支出每增加1%都会使农民收入水平分别提高0.640%、提高0.382%、降低0.069%。农村人均医疗救助支出、农村中小学教学仪器设备价值都通过了5%的显著性水平检验，农村人均医疗救助支出、农村中小学教学仪器设备价值每增加1%，分别会使得农民收入减少0.013%、0.082%。医疗卫生投入指标通过了5%的显著性水平检验，医疗卫生投入每增加1%会使得农民收入增加0.091%。

　　得到了各项指标的回归系数后，对东北地区面板数据进行效应分解，得到各项指标的空间溢出效应，所得结果如表5-19所示。

表5-19　　　　　　　　　　　　　东北地区效应分解

变量	直接效应	间接效应（空间溢出效应）	总效应
Lnx1	0.815 ***	0.974 ***	1.789 ***
Lnx2	-0.067 ***	0.021	-0.046
Lnx3	-0.010 *	0.010 *	-0.000
Lnx4	-0.078 **	0.027 **	-0.051
Lnx5	-0.019	-0.055	-0.074 *
Lnx6	0.241 ***	1.193 ***	1.434 ***
Lnx7	0.047 *	0.239 ***	0.286 ***
Lnx8	0.059 ***	0.277 ***	0.336 ***
Lnx9	-0.636 ***	-1.470 ***	-2.106 ***
Lnx10	0.290 ***	1.252 ***	1.543 ***
Lnx11	-0.297 ***	-1.165 ***	-1.462 ***
Lnx12	-0.012	0.480 ***	0.468 ***

　　注：*** 表示P值在1%显著水平上，** 表示P值在5%显著水平上，* 表示P值在10%显著水平上。

　　资料来源：Stata软件处理全国面板数据运行的结果数据。

由表 5 - 19 可知，东北地区除了农村中小学生均教育经费及医疗卫生投入外的其他十项指标都存在显著的直接效应，表明这十项指标都会对本地区的农民收入产生显著的积极或消极影响。除了农村人均居民最低生活保障支出、农村中小学生均教育经费外的其他指标的空间溢出效应值较为显著，表明农村养老保险参保领取率、农村人均医疗救助支出、农村中小学教学仪器设备价值、农村中小学专任教师数、财政支农、农村信息网络、农村每千人口床位数、农村医疗卫生投入都会对邻接地区的农民收入产生一定程度的积极影响，而村卫生室、农村每千人卫生技术人员都会对邻接地区的农民收入带来显著的不利影响。

二、农村公共产品供给对农民收入结构的空间溢出效应的实证分析

(一) LM 检验

农村居民人均可支配收入由工资性收入、家庭经营性收入、财产性收入、转移性净收入四部分构成，对其四项组成部分分别进行 LM 检验，确定其选用的模型。由表 5 - 20 可知，由于 LM-Error 与 Robust-LM-Error 都非常显著，故都应选用空间误差（SEM）模型。

表 5 - 20　　　　　　　　　**农民收入结构面板数据 LM 检验**

收入来源	项目	检验	统计	自由度	P 值
工资性收入	空间误差（LM-Error）	拉格朗日乘子（LM）	18.410	1	0.000
		稳健的拉格朗日乘子（Robust-LM）	17.878	1	0.000
	空间滞后（LM-Lag）	拉格朗日乘子（LM）	0.576	1	0.448
		稳健的拉格朗日乘子（Robust-LM）	0.044	1	0.833
家庭经营性收入	空间误差（LM-Error）	拉格朗日乘子（LM）	35.380	1	0.000
		稳健的拉格朗日乘子（Robust-LM）	37.193	1	0.000
	空间滞后（LM-Lag）	拉格朗日乘子（LM）	0.527	1	0.468
		稳健的拉格朗日乘子（Robust-LM）	2.341	1	0.126

续表

收入来源	项目	检验	统计	自由度	P 值
财产性收入	空间误差（LM-Error）	拉格朗日乘子（LM）	14.265	1	0.000
		稳健的拉格朗日乘子（Robust-LM）	13.872	1	0.000
	空间滞后（LM-Lag）	拉格朗日乘子（LM）	0.495	1	0.482
		稳健的拉格朗日乘子（Robust-LM）	0.102	1	0.749
转移性净收入	空间误差（LM-Error）	拉格朗日乘子（LM）	11.196	1	0.001
		稳健的拉格朗日乘子（Robust-LM）	11.743	1	0.001
	空间滞后（LM-Lag）	拉格朗日乘子（LM）	0.054	1	0.817
		稳健的拉格朗日乘子（Robust-LM）	0.601	1	0.438

资料来源：Stata 软件处理全国面板数据运行的结果数据。

（二）LR 检验

对工资性收入、家庭经营性收入、财产性收入、转移性净收入继续进行 LR 检验，对 SDM 能否退化为 SAR、SEM 作出判定，详细分析结果如表 5 - 21 所示。

表 5 - 21　　　　　　　　农民收入结构面板数据 LR 检验

收入来源	SDM 与 SAR 比较	SDM 与 SEM 比较
工资性收入	LR chi2(12) = 23.69 Prob > chi2 = 0.0224	LR chi2(12) = 20.44 Prob > chi2 = 0.0592
家庭经营性收入	LR chi2(12) = 19.60 Prob > chi2 = 0.0750	LR chi2(12) = 19.83 Prob > chi2 = 0.0704
财产性收入	LR chi2(12) = 21.85 Prob > chi2 = 0.0392	LR chi2(12) = 20.02 Prob > chi2 = 0.0667
转移性净收入	LR chi2(12) = 68.87 Prob > chi2 = 0.0000	LR chi2(12) = 75.52 Prob > chi2 = 0.0000

资料来源：Stata 软件处理全国面板数据运行的结果数据。

对于工资性收入而言，当进行 LR 检验，并对 SDM、SAR 进行对比分析之后，P 值在 0.1 之下，结果较为显著，拒绝原假设，因此 SDM 无法退化为 SAR。同理，当进行 LR 检验并对 SDM、SAR 进行对比之后，P 值在 0 之下，结果显著，拒绝原假设，因此 SDM 不能退化为 SEM。家庭经营性收入、财产性收入、转移性净收入均与工资性收入的检验结果高度相似，其中转移性净收入最为显著。将三项收入的 SDM、SAR、SEM 进行对比分析之后，SDM 不可退化为 SAR 与 SEM。

根据 LM、LR 检验可知，对工资性收入、家庭经营性收入、财产性收入、转移性净收入面板数据分析，都需使用空间杜宾模型。

（三）豪斯曼检验

确定了工资性收入、家庭经营纯收入、财产性收入、转移性净收入所使用的模型后，还应当结合实际情况，再次明确是选用随机效应，还是固定效应，在此条件之下，还必须要进行豪斯曼检验。具体检验结果如表 5-22 所示。

表 5-22   **农民收入结构面板数据豪斯曼检验**

收入来源	检验	值
工资性收入	卡方检验值	85.70
	P 值	0.0000
家庭经营性收入	卡方检验值	31.52
	P 值	0.0016
财产性收入	卡方检验值	30.95
	P 值	0.0020
转移性净收入	卡方检验值	41.58
	P 值	0.0000

资料来源：Stata 软件处理全国面板数据运行的结果数据。

根据表 5-22 所得结果可知，工资性收入、家庭经营性收入、财产性收入、转移性净收入四项经过豪斯曼检验之后，P 值通过 1% 的显著性水平检验，拒绝原假设，故都选择固定效应模型进行研究。

（四）农民收入结构的模型结果分析与效应分解

1. 工资性收入模型结果分析与效应分解

经过上述检验与分析得出工资性收入需要构建空间杜宾模型，对构建的时间、个体、双固定三种不同效应之下的空间杜宾模型进行对比分析，并找出最适宜的效应模型，详细结果如表 5-23 所示。

表 5 - 23　　　　　　　工资性收入不同固定效应下的空间杜宾模型

变量	时间固定			个体固定			双固定		
	系数	标准误	P 值	系数	标准误	P 值	系数	标准误	P 值
Lnx1	1.195	0.196	0.000	0.735 ***	0.280	0.009	0.501	0.276	0.069
Lnx2	0.324	0.072	0.000	0.111	0.069	0.107	- 0.011	0.066	0.867
Lnx3	- 0.009	0.023	0.715	- 0.040 *	0.022	0.072	- 0.011	0.022	0.632
Lnx4	0.381	0.041	0.000	0.053	0.049	0.280	0.008	0.053	0.882
Lnx5	0.030	0.075	0.687	- 0.042	0.100	0.677	- 0.231	0.102	0.023
Lnx6	- 0.281	0.064	0.000	- 0.033	0.115	0.774	0.080	0.112	0.472
Lnx7	- 0.063	0.010	0.000	0.296 ***	0.100	0.003	0.180	0.096	0.061
Lnx8	0.069	0.024	0.003	0.000	0.029	0.997	- 0.008	0.030	0.797
Lnx9	0.275	0.042	0.000	0.462 ***	0.167	0.006	0.380	0.159	0.017
Lnx10	- 0.529	0.106	0.000	0.112	0.114	0.327	- 0.068	0.111	0.539
Lnx11	0.154	0.074	0.037	0.009	0.069	0.901	0.094	0.066	0.151
Lnx12	- 0.380	0.093	0.000	0.404 ***	0.134	0.003	0.148	0.142	0.298
WLnx1	0.921	0.370	0.013	0.477	0.561	0.395	0.150	0.541	0.782
WLnx2	- 0.244	0.126	0.053	- 0.082	0.113	0.469	- 0.288	0.122	0.018
WLnx3	0.041	0.049	0.404	- 0.017	0.040	0.662	0.031	0.044	0.484
WLnx4	0.288	0.076	0.000	- 0.193	0.096	0.044	- 0.091	0.111	0.410
WLnx5	0.127	0.118	0.284	0.345	0.155	0.026	- 0.035	0.212	0.870
WLnx6	- 0.301	0.105	0.004	0.137	0.190	0.471	0.347	0.201	0.085
WLnx7	- 0.161	0.028	0.000	0.046	0.159	0.775	- 0.103	0.169	0.540
WLnx8	- 0.020	0.041	0.623	0.137	0.051	0.007	0.143	0.063	0.022
WLnx9	0.302	0.106	0.004	- 0.178	0.338	0.599	- 0.463	0.345	0.180
WLnx10	- 0.454	0.204	0.026	- 0.101	0.226	0.653	- 0.297	0.228	0.193
WLnx11	- 0.088	0.147	0.549	- 0.001	0.133	0.996	0.132	0.129	0.307
WLnx12	0.084	0.169	0.617	- 0.261	0.225	0.247	0.127	0.296	0.667
R^2	0.3471			0.9002			0.4963		
对数似然值	40.1973			134.6107			159.6952		
赤池信息准则	- 30.39468			- 217.2214			- 267.3903		

注：*** 表示 P 值在 1% 显著水平上，** 表示 P 值在 5% 显著水平上，* 表示 P 值在 10% 显著水平上。

资料来源：Stata 软件处理全国面板数据运行的结果数据。

对表 5-23 进行分析可以发现，对于工资性收入的空间杜宾模型来讲，只有在基于个体固定效应的条件下才可以实现拟合度最高的结果，达到了 90.02%，其次为基于双固定效应、时间固定效应，拟合度（R^2）分别为 34.71%、49.63%。但是在双固定效应条件之下，对数似然值（log-likelihood）、赤池信息准则（AIC）分别达到最大与最小，分别为 159.6952、-267.3903。根据上述三项不同参数，综合多方面因素考虑，选取个体效应空间杜宾模型。当处于个体固定效应条件下时，农村养老保险参保领取率、财政支农、村卫生室、农村医疗卫生投入这四项指标对工资性收入有显著且积极的影响，这四项指标每增加 1%，分别会使得农民收入水平提高 0.735%、0.296%、0.462%、0.404%。

得出了各项指标的回归系数后，对工资性收入面板数据进行效应分解，所得结果如表 5-24 所示。

表 5-24 工资性收入效应分解

变量	直接效应	间接效应（空间溢出效应）	总效应
Lnx1	0.743 ***	0.417	1.159 *
Lnx2	0.108	-0.073 *	0.035
Lnx3	-0.037 *	-0.017 *	-0.055
Lnx4	0.054	-0.180 *	-0.126
Lnx5	-0.043	0.340 **	0.297 **
Lnx6	-0.027	0.118	0.091
Lnx7	0.295 ***	0.028	0.323 **
Lnx8	-0.001	0.128 **	0.127 **
Lnx9	0.481 ***	-0.200	0.281
Lnx10	0.117	-0.113 ***	0.004
Lnx11	0.005	0.002 **	0.007
Lnx12	0.413 ***	-0.280	0.133

注：*** 表示 P 值在 1% 显著水平上，** 表示 P 值在 5% 显著水平上，* 表示 P 值在 10% 显著水平上。

资料来源：Stata 软件处理全国面板数据运行的结果数据。

通过对表 5 - 24 分析可知，农村养老保险参保领取率、财政支农、村卫生室、农村医疗卫生投入的直接效应值都通过了 1% 的显著性水平检验，这四项指标都会对当地农民收入产生积极影响。农村每千人口床位数的空间溢出效益值为负，通过了 1% 的显著性水平检验，其会对邻接地区农民收入产生不利影响。农村中小学生均教育经费、农村信息网络、农村每千人卫生技术人员这三项指标的空间溢出效益值为正，都通过了 5% 的显著性水平检验，三者都会对邻接地区农民的工资性收入产生积极影响。农村人均居民最低生活保障支出、农村人均医疗救助支出、中小学教学仪器设备价值这三项指标的空间溢出效益值都为负，都通过了 10% 的显著性水平检验，三者都会对邻接地区农民的工资性收入产生消极影响。

2. 家庭经营性收入模型结果分析与效应分解

经过上述检验与分析得出家庭经营性收入需要构建空间杜宾模型，对构建的时间、个体、双固定三种不同效应之下的空间杜宾模型进行对比分析，并找出最适宜的效应模型，详细结果如表 5 - 25 所示。

表 5 - 25　　　　　家庭经营性收入不同固定效应下的空间杜宾模型

变量	时间固定			个体固定			双固定		
	系数	标准误	P 值	系数	标准误	P 值	系数	标准误	P 值
Lnx1	0.254	0.186	0.172	- 0.038	0.181	0.832	- 0.130	0.189	0.491
Lnx2	- 0.303	0.068	0.000	0.045	0.045	0.309	0.018	0.045	0.696
Lnx3	- 0.114	0.022	0.000	- 0.022 *	0.014	0.099	- 0.013	0.015	0.395
Lnx4	- 0.121	0.039	0.002	0.025	0.032	0.433	- 0.012	0.036	0.737
Lnx5	0.171	0.071	0.017	0.111 *	0.065	0.088	0.079	0.070	0.256
Lnx6	- 0.003	0.061	0.964	- 0.054	0.075	0.473	- 0.007	0.076	0.925
Lnx7	0.123	0.010	0.000	- 0.111 *	0.065	0.086	- 0.180	0.066	0.007
Lnx8	0.015	0.022	0.488	0.032 *	0.018	0.081	0.030	0.020	0.145
Lnx9	- 0.138	0.040	0.000	0.008	0.108	0.943	- 0.010	0.109	0.930
Lnx10	0.191	0.100	0.057	- 0.112	0.074	0.128	- 0.186	0.076	0.015
Lnx11	- 0.006	0.070	0.936	0.047	0.045	0.289	0.080	0.045	0.073
Lnx12	0.233	0.088	0.009	0.160 *	0.087	0.065	0.006	0.097	0.954

续表

变量	时间固定			个体固定			双固定		
	系数	标准误	P 值	系数	标准误	P 值	系数	标准误	P 值
Lnx1	− 1.608	0.351	0.000	− 0.097	0.361	0.788	− 0.265	0.368	0.472
Lnx2	− 0.036	0.120	0.766	− 0.056	0.073	0.442	− 0.079	0.084	0.346
Lnx3	0.037	0.046	0.429	− 0.011	0.026	0.677	− 0.000	0.030	0.996
Lnx4	− 0.387	0.072	0.000	− 0.036	0.062	0.566	0.004	0.076	0.960
Lnx5	0.419	0.112	0.000	− 0.033	0.100	0.745	0.127	0.147	0.389
Lnx6	0.474	0.100	0.000	0.008	0.124	0.948	− 0.021	0.138	0.879
Lnx7	− 0.009	0.026	0.737	0.085	0.100	0.396	− 0.058	0.114	0.613
Lnx8	0.248	0.039	0.000	0.055	0.033	0.100	0.065	0.044	0.140
Lnx9	− 0.536	0.101	0.000	0.038	0.219	0.864	0.112	0.236	0.635
Lnx10	− 0.805	0.194	0.000	0.112	0.146	0.445	− 0.005	0.158	0.975
Lnx11	0.350	0.139	0.012	0.038	0.086	0.661	0.099	0.089	0.267
Lnx12	0.073	0.160	0.651	0.226	0.147	0.122	0.076	0.201	0.705
R^2	0.3200			0.9102			0.5130		
对数似然值	57.7614			268.5877			278.0995		
赤池信息准则	− 65.52272			− 485.1755			− 504.199		

注：＊＊＊表示 P 值在 1% 显著水平上，＊＊表示 P 值在 5% 显著水平上，＊表示 P 值在 10% 显著水平上。

资料来源：Stata 软件处理全国面板数据运行的结果数据。

通过对表 5 - 25 的分析可以发现，对于家庭经营性收入的空间杜宾模型来讲，只有在基于个体固定效应的条件下才可以实现拟合度（R^2）最高的结果，达到了 91.02%，其次为基于双固定效应、时间固定效应，拟合度分别为 32.00%、51.30%。但是在双固定效应条件之下，对数似然值（log-likelihood）、赤池信息准则（AIC）分别达到最大与最小，分别为 278.0995、− 504.199。

根据上述三项不同参数，综合多方面因素考虑，选取个体固定效应空间杜宾模型。当处于个体固定效应条件下时，农村人均医疗救助支出、农村中小学生均教育经费、财政支农、农村信息网络、农村医疗卫生投入这五项指标都通过了 10% 的显著性水平检验，其中农村人均医疗救助支出、财政支农这两项指标对农民的家庭经营收入产生不利影响，农村中小学生均教育经费、农村信息网络、农村医疗卫生投入这三项指标对农民的家庭经营收入产生积极影响。

得出了各项指标的回归系数后，对家庭经营纯收入面板数据进行效应分解，所得结果如表 5 - 26 所示。

表 5 - 26　　　　　　　　家庭经营纯收入效应分解

变量	直接效应	间接效应（空间溢出效应）	总效应
Lnx1	- 0.035	- 0.119	- 0.154
Lnx2	0.042	- 0.049	- 0.007
Lnx3	- 0.021	- 0.015	- 0.036
Lnx4	0.024	- 0.032	- 0.008
Lnx5	0.112 *	- 0.013	0.099
Lnx6	- 0.049	- 0.006	- 0.055
Lnx7	- 0.110 *	0.073	- 0.038
Lnx8	0.033 *	0.061 *	0.095 **
Lnx9	0.019	0.027	0.046
Lnx10	- 0.107	0.096	- 0.011
Lnx11	0.046	0.048	0.094
Lnx12	0.170 *	0.244 *	0.415 ***

注：*** 表示 P 值在 1% 显著水平上，** 表示 P 值在 5% 显著水平上，* 表示 P 值在 10% 显著水平上。

资料来源：Stata 软件处理全国面板数据运行的结果数据。

通过对表 5 - 26 进行分析可知，农村中小学生均教育经费、财政支农、农村信息网络、农村医疗卫生投入的直接效应值通过了 10% 的显著性水平检验，其中财政支农这一指标会给当地家庭经营性收入带来消极影响，其余三项指标会带来积极影响。农村信息网络、农村医疗卫生投入这两个指标的空间溢出效应为正，通过了 10% 的显著性水平检验，说明其会对邻接地区农民的家庭经营性收入带来积极影响。

3. 财产性收入模型结果分析与效应分解

经过上述检验与分析得出财产性收入面板数据需要构建空间杜宾模型，

对构建的时间、个体、双固定三种不同效应之下的空间杜宾模型，进行对比分析，并找出最适宜的效应模型，详细结果如表 5 - 27 所示。

表 5 - 27　　　　　　　财产性收入不同固定效应下的空间杜宾模型

变量	时间固定			个体固定			双固定		
	系数	标准误	P 值	系数	标准误	P 值	系数	标准误	P 值
Lnx1	1.435	0.344	0.000	0.371	0.466	0.427	0.715	0.487	0.142
Lnx2	0.263	0.126	0.037	-0.016	0.115	0.886	-0.106	0.116	0.365
Lnx3	0.078	0.041	0.058	0.053	0.037	0.146	0.115	0.040	0.004
Lnx4	-0.021	0.072	0.769	-0.058	0.082	0.478	-0.059	0.093	0.524
Lnx5	0.437	0.132	0.001	-0.243	0.168	0.147	-0.181	0.181	0.317
Lnx6	-0.366	0.112	0.001	0.455 **	0.192	0.018	0.423	0.196	0.031
Lnx7	-0.015	0.018	0.422	0.382 **	0.167	0.023	0.295	0.170	0.082
Lnx8	0.199	0.041	0.000	0.140 ***	0.047	0.003	0.103	0.052	0.048
Lnx9	-0.162	0.073	0.027	-0.003	0.277	0.991	0.045	0.279	0.871
Lnx10	-0.359	0.185	0.053	0.336 *	0.190	0.077	0.176	0.196	0.368
Lnx11	0.071	0.129	0.581	-0.074	0.115	0.523	-0.066	0.115	0.566
Lnx12	0.434	0.163	0.008	0.353	0.224	0.115	0.406	0.249	0.103
WLnx1	0.833	0.648	0.199	1.539	0.933	0.099	1.941	0.953	0.042
WLnx2	-0.619	0.221	0.005	0.406	0.188	0.031	0.082	0.216	0.705
WLnx3	0.201	0.086	0.019	0.064	0.066	0.337	0.215	0.078	0.006
WLnx4	0.145	0.133	0.277	0.026	0.160	0.870	-0.010	0.195	0.960
WLnx5	0.548	0.207	0.008	0.636	0.256	0.013	0.685	0.371	0.064
WLnx6	-0.104	0.185	0.573	0.041	0.320	0.898	-0.002	0.358	0.996
WLnx7	0.045	0.049	0.358	-0.444	0.258	0.086	-0.672	0.292	0.021
WLnx8	-0.018	0.071	0.804	0.061	0.087	0.482	-0.020	0.111	0.856
WLnx9	-0.175	0.186	0.346	0.338	0.562	0.547	0.202	0.605	0.739
WLnx10	-1.068	0.357	0.003	0.613	0.377	0.104	0.276	0.401	0.492
WLnx11	0.336	0.257	0.191	0.148	0.221	0.505	0.115	0.228	0.613
WLnx12	0.064	0.296	0.830	-1.166	0.376	0.002	-0.363	0.518	0.483
R^2	0.6133			0.9012			0.7861		
对数似然值	-129.4588			-24.9441			-16.1599		
赤池信息准则	-375.884			-614.889			-692.7909		

注：*** 表示 P 值在 1% 显著水平上，** 表示 P 值在 5% 显著水平上，* 表示 P 值在 10% 显著水平上。

资料来源：Stata 软件处理全国面板数据运行的结果数据。

根据表5–27可知，对于财产性收入的空间杜宾模型来讲，只有在个体固定效应条件下，财产性收入面板数据的空间杜宾模型的拟合优度（R^2）才可以达到最高值，即90.12%，双固定效应、时间固定效应下的拟合优度较差，分别为61.33%、78.61%。但处于双固定效应条件下时，其对数似然值（log-likelihood）达到最大，为–16.1599，并且赤池信息准则（AIC）最小，为–692.7909。根据以上分析所求出的各项参数，综合多方面因素考虑，选取基于个体固定效应条件下的空间杜宾模型，并在此基础之上展开深入分析。

在个体固定效应条件下，农村中小学专任教师数、财政支农、农村信息网络、农村每千人口床位数这四项指标对财产性收入有显著积极的影响，这四项指标每增加1%，分别会使财产性收入提高0.455%、0.382%、0.140%、0.336%。

对财产性收入面板数据建立个体固定效应空间杜宾模型，并进行效应分解，所得分析结果如表5–28所示。

表5–28 财产性收入效应分解

变量	直接效应	间接效应（空间溢出效应）	总效应
Lnx1	0.335	1.247	1.582
Lnx2	– 0.037 *	0.365 **	0.328 **
Lnx3	0.055 **	0.044 *	0.099 *
Lnx4	– 0.061	0.040	– 0.021
Lnx5	– 0.266	0.603 ***	0.337 *
Lnx6	0.469 **	– 0.054	0.415 **
Lnx7	0.400 **	– 0.450 *	– 0.050
Lnx8	0.138 ***	0.029 **	0.167 **
Lnx9	0.014	0.260	0.274
Lnx10	0.325 *	0.458 ***	0.783 **
Lnx11	– 0.085	0.143	0.058
Lnx12	0.411 *	– 1.094 ***	– 0.684 **

注：*** 表示 P 值在1%显著水平上，** 表示 P 值在5%显著水平上，* 表示 P 值在10%显著水平上。

资料来源：Stata 软件处理全国面板数据运行的结果数据。

由表 5 – 28 可知，农村信息网络这一指标的直接效应值通过了 1% 的显著性水平检验，说明其会对本地区的财产性收入产生积极影响，农村人均医疗救助支出、农村中小学专任教师数、财政支农的直接效应值都通过了 5% 的显著性水平检验，这三项指标会对本地区财产性收入产生积极影响。农村人均居民最低生活保障支出、农村每千人口床位数、农村医疗卫生投入的直接效应值都通过了 10% 的显著性水平检验，其中前一项指标会对财产性收入产生不利影响，后两项指标会对财产性收入产生积极影响。农村中小学生均教育经费、农村每千人口床位数、农村医疗卫生投入的间接效应值通过了 1% 的显著性水平检验，其中前两项指标会对邻接地区的财产性收入产生积极影响，第三项会产生消极影响。农村人均最低生活保障支出、农村信息网络的空间溢出效应值通过了 5% 的显著性水平检验，这两项指标都会对邻接地区的财产性收入产生积极影响。农村人均医疗救助支出、财政支农这两项指标的空间溢出效应值通过了 10% 的显著性水平检验，其中前一项指标会对邻接地区财产性收入产生积极影响，后一项指标会产生消极影响。

4. 转移性净收入模型结果分析与效应分解

经过上述检验与分析得出财产性净收入面板数据需要构建空间杜宾模型，对构建的时间、个体、双固定三种不同效应之下的空间杜宾模型进行对比分析，并找出最适宜的效应模型，详细结果如表 5 – 29 所示。

表 5 – 29　　　　　　　转移性净收入不同固定效应下的空间杜宾模型

变量	时间固定			个体固定			双固定		
	系数	标准误	P 值	系数	标准误	P 值	系数	标准误	P 值
Lnx1	0.314	0.229	0.170	– 0.016	0.301	0.958	0.170	0.300	0.571
Lnx2	– 0.025	0.084	0.762	– 0.103	0.074	0.165	– 0.134	0.072	0.061
Lnx3	0.012	0.027	0.669	0.021	0.024	0.382	0.062	0.024	0.011
Lnx4	– 0.056	0.048	0.242	0.202 ***	0.053	0.000	0.040	0.057	0.488
Lnx5	0.338	0.088	0.000	0.309 ***	0.108	0.004	0.384	0.112	0.001
Lnx6	– 0.202	0.075	0.007	– 0.080	0.124	0.516	0.104	0.121	0.388
Lnx7	– 0.074	0.012	0.000	0.128	0.108	0.233	0.057	0.104	0.585

续表

变量	时间固定			个体固定			双固定		
	系数	标准误	P值	系数	标准误	P值	系数	标准误	P值
Lnx8	0.088	0.027	0.001	0.099 ***	0.030	0.001	0.039	0.032	0.235
Lnx9	0.026	0.049	0.600	0.465 ***	0.178	0.009	0.407	0.171	0.018
Lnx10	0.040	0.124	0.744	0.411 ***	0.122	0.001	0.281	0.121	0.020
Lnx11	0.029	0.086	0.736	−0.173 **	0.074	0.019	−0.118	0.071	0.097
Lnx12	0.237	0.109	0.029	0.357 **	0.144	0.013	0.026	0.153	0.866
WLnx1	0.159	0.432	0.713	1.333	0.601	0.027	1.569	0.585	0.007
WLnx2	−0.130	0.147	0.379	0.092	0.124	0.461	0.274	0.132	0.038
WLnx3	0.083	0.057	0.144	0.066	0.043	0.124	0.154	0.048	0.001
WLnx9	0.230	0.089	0.010	0.131	0.103	0.206	0.202	0.119	0.090
WLnx10	−0.117	0.138	0.398	0.177	0.166	0.287	0.831	0.232	0.000
WLnx11	−0.341	0.123	0.006	0.035	0.204	0.864	0.012	0.218	0.957
WLnx12	0.020	0.032	0.535	−0.574	0.166	0.001	−0.423	0.180	0.019
WLnx15	−0.145	0.048	0.002	−0.155	0.055	0.005	−0.308	0.068	0.000
WLnx18	0.130	0.124	0.295	−0.802	0.361	0.027	−0.671	0.374	0.072
WLnx19	−0.185	0.238	0.439	−0.030	0.243	0.903	0.126	0.253	0.619
WLnx20	0.137	0.172	0.426	0.111	0.143	0.437	0.039	0.141	0.782
WLnx22	0.386	0.197	0.051	−0.242	0.256	0.345	−0.432	0.319	0.175
R^2	0.8805			0.9035			0.8152		
对数似然值	9.7665			95.8014			123.9283		
赤池信息准则	30.46707			−139.6029			−195.8565		

注：*** 表示 P 值在 1% 显著水平上，** 表示 P 值在 5% 显著水平上，* 表示 P 值在 10% 显著水平上。

资料来源：Stata 软件处理全国面板数据运行的结果数据。

通过对表 5-29 分析可知，对于转移性净收入的空间杜宾模型来讲，只有在基于个体固定效应的条件下才可以实现拟合度（R^2）最高的结果，达到了 90.35%，其次为基于双固定效应、时间固定效应，拟合度分别为 88.05%、81.52%。但是在双固定效应条件之下，对数似然值（log-likelihood）、赤池信息准则（AIC）分别达到最大与最小，分别为 123.9283、−195.8565。根据上述三项不同参数，综合多方面因素考虑，选取个体效应空间杜宾模型。

当处于个体固定效应条件下，农村中小学教学仪器设备价值、农村中小学生均教育经费、农村信息网络、村卫生室、农村每千人口床位数、农村医疗卫生投入这六项指标对转移性收入有显著且积极的影响，这六项指标每增加1%，会使得转移性收入分别提高0.202%、0.309%、0.099%、0.465%、0.411%、0.357%。

在得出了各项指标的回归系数后，对转移性收入面板数据进行效应分解，所得结果如表5-30所示。

表5-30 转移性净收入效应分解

变量	直接效应	间接效应（空间溢出效应）	总效应
Lnx1	0.275	3.123*	3.398*
Lnx2	−0.098	0.092	−0.006
Lnx3	0.040	0.189*	0.229*
Lnx4	0.258***	0.627**	0.885***
Lnx5	0.394***	0.922**	1.316***
Lnx6	−0.078	−0.054	−0.132
Lnx7	0.020	−1.200***	−1.179**
Lnx8	0.079**	−0.227	−0.148
Lnx9	0.370**	−1.257	−0.887
Lnx10	0.462***	0.519	0.981
Lnx11	−0.176**	0.011	−0.164
Lnx12	0.353**	−0.113	0.240

注：***表示P值在1%显著水平上，**表示P值在5%显著水平上，*表示P值在10%显著水平上。

资料来源：Stata软件处理全国面板数据运行的结果数据。

通过对表5-30进行分析可知，农村中小学教学仪器设备价值、农村中小学生均教育经费、农村每千人口床位数这三项指标的直接效应值都通过了1%的显著性水平检验，三者都会对本地区转移性收入产生积极影响。农村信息网络、村卫生室、农村医疗卫生投入这三项指标的直接效应值通过了5%的显著性水平检验，三者也同样会对本地区转移性收入产生积极影响。

财政支农指标的空间效益值为负，通过了1%的显著性水平检验，对邻接地区转移性收入产生消极影响。农村中小学教学仪器设备价值、农村中小学生均教育经费这两项指标的空间溢出效应值都为正，都通过了5%的显著性水平检验，这表明这两项指标会对邻接地区的转移性收入产生积极影响。农村养老保险参保领取率、农村人均医疗救助支出的空间溢出效应值都为正，都通过了10%的显著性水平检验，这两个指标同样会对邻接地区的转移性收入产生积极影响。

三、研究结论

本书采用2010～2019年我国31个省（自治区、直辖市）的样本数据，建立空间计量模型，研究分析了农村公共产品供给对农民收入的空间溢出效应，得到以下四条结论。

第一，我国农民收入存在空间相关性，部分地区空间聚集效应明显。通过对2010～2019年我国农民收入的空间相关性进行全局莫兰指数研究分析，发现各地农村收入具有一定程度的空间相关性。对2010年、2013年、2016年、2019年这四年的局部莫兰指数与散点图分别进行研究发现，北京、甘肃、贵州、江苏、青海、陕西、上海、天津、云南、浙江这10个省（区、市）的局部空间效应显著，这说明这些区域农村居民人均可支配收入存在较为明显的空间集聚效应。

第二，我国农村公共产品供给各项指标对农民收入的空间溢出效应存在差异。从全样本角度出发，选择了双固定效应下的空间杜宾模型进行分析，得出了农村公共产品供给各项指标对于农民收入的空间溢出效应值存在差异，其中农村卫生室这一指标空间溢出效应值为正且最大，表明其对邻接地区农民收入增长起到促进作用，但邻接地区农村公共产品供给增加也会对本地区农村收入产生一定程度的影响。

第三，东部、中部、西部及东北四大区域农村公共产品供给各项指标对农民收入的空间溢出效应存在差异。通过对2010～2019年东部、中部、西部及东北四大区域农村公共产品供给各指标对农民收入的空间溢出进行研究发现，东部地区农村养老保险参保领取率、农村中小学专任教师数这两项指标的空间溢出效应值较为显著，其中农村养老保险参保领取率指标对邻接地区的农民收入带来显著的负面影响，而农村中小学专任教师数指标邻接地区带来显著的正面影响。中部地区农村中小学生均教育经费、财政支农这两项指标的空间溢出效应值很显著，两者会对邻接地区的农民收入带来积极影响。西部地区农村养老保险参保领取率、农村中小学生均教育经费、农村每千人口床位数、农村医疗卫生投入四项指标的空间溢出效应值很显著，其中前三项指标对邻接地区的农民收入带来负向影响，后一项带来正向影响。东北地区农村中小学专任教师数、农村每千人口床位数、村卫生室三项指标的空间溢出效应值很显著，其中村卫生室指标对邻接地区的农民收入带来正向影响，其余两指标刚好相反。

第四，农村公共产品供给各项指标对工资性收入、家庭经营性收入、财产性收入、转移性收入的空间溢出效应存在差异。通过对 2010～2019 年农村公共产品供给各项指标对工资性收入、家庭经营性收入、财产性收入、转移性净收入的空间溢出效应研究发展得出以下结论：（1）农村中小学生均教育经费、农村信息网络、农村每千人卫生技术人员这三项指标的空间溢出效应为正，都会对邻接地区农民的工资性收入产生积极影响，其中农村中小学生均教育经费影响最大；（2）农村信息网络、农村医疗卫生投入这两个指标的空间溢出效应为正，会对邻接地区农民的家庭经营性收入产生积极影响，其中农村医疗卫生投入影响最大；（3）农村中小学生均教育经费、农村每千人口床位数、农村人均居民最低生活保障支出、农村信息网络这四项指标的空间溢出效应为正，都会对邻接地区农民的财产性收入产生积极影响，其中农村信息网络影响最大；（4）中小学教学仪器设备价值、中小学生均教育经费、农村养老保险参保领取率、人均农村医疗救助支出这四项指标的空间溢出效应为正，都会对邻接地区农民的转移性净收入产生积极影响，其中农村养老保险参保领取率影响最大。

| 第六章 |

政策建议

第一节　提高农村公共产品的供给水平

随着我国经济迅速发展及乡村振兴战略实施，农村公共产品总量快速增长，取得了显著性成效，但与城市相比，农村公共产品供给普遍存在供给不足的问题，无法满足农业生产、农民生活以及农村经济发展的需要。因此，政府要加大财政资金的投入，增加农村公共产品供给的总量，提高农村公共产品供给质量，保证其供给效率，真正发挥农村公共产品供给对农民增收的显著作用。

一、增加农村公共产品供给的总量

（一）加大农村基础设施的建设

农村基础设施是保障农业生产有效开展的重要条件，也是提高农民收入以及生活幸福指数的重要条件。虽然我国也在不断加强农村公共基础设施的建设，但发展仍然相对比较滞后，还不足以为农民增收提供强有力的支撑。因此，完善农村公共基础设施的建设，确保农村基础设施类公共产品的有效供给，是实现乡村振兴，农民收入增长的基础条件。一是对于落后损坏的大中型农田水利等基础设施要加大修复工作，确保其有效运转，同时鼓励农村集体、农户以多种方式建设和经营小型水利设施。支持发展节水农业，努力扩大农田有效灌溉面积。二是要拓展筹资渠道，加强农村电网、道路、电信等基础设施建设，提升农村运输服务能力。三是加大农村基础设施的投入。农村基础设施作为公共产品，具有很强的正外部社会效应，个人通常情况下不愿提供，政府就成为农村基础设施供给的主体。政府要在有限财力条件下尽可能加大资金投入，同时，采取财政补贴、政策优惠等多种方式引导社会资本参与农村基础设施建设。只有这样，才能改变农业的生产条件，提高农民收入，推动新时代乡村经济的持续发展。

（二）加大农村义务教育的投入

党的十九大报告提出："推动城乡义务教育一体化发展，高度重视农村义务教育，办好学前教育、特殊教育和网络教育，普及高中阶段教育，努力让每个孩子都能享有公平而有质量的教育。"[①] 这是推进城乡地区义务教育均衡发展的基本要求，也是新时代要重点解决的问题之一。政府作为农村义务教育供给的主体，农村义务教育经费的投入必然由政府承担。近年来，我国农村地区义务教育条件已有很大改善，但与城市相比，仍然存在经费投入不足、师资力量薄弱、优质教育资源短缺等问题，影响农民自身发展。人力资本理论认为，教育和收入之间具有正向关系，较高的教育水平为个人带来较高的收入。要提高农民的增收能力，就要提高农民的教育水平。因此，政府要加大农村义务教育的投入，改善农村学校的办学条件，加强农村教师队伍的建设，合理配置农村教育资源，以保证达到入学标准的孩子们都有机会进入学校，享受校园生活。同时，要尽可能使农村教育水平向城市看齐，提升农村义务教育的水平，缩小城乡义务教育的差距。

（三）健全农村社会保障体系

完善的社会保障体系可以增加农民的收入，促进农村经济的健康发展，有效地解决"三农"问题，也是乡村振兴的基础保障。进入新时代，国家积极重

---

① 习近平. 决胜全面建成小康社会　夺取新时代中国特色社会主义伟大胜利——在中国共产党第十九次全国代表大会上的报告［M］. 北京：人民出版社，2017.

视和改善民生，加大了农村社会保障体系的建设，取得显著成效，但和城市相比，目前仍然存在保障水平较低、覆盖范围较小等问题，无法满足广大农民的需求。因此，完善农村社会保障体系也就成为当务之急。在完善我国农村社会保障体系时，需要站在统筹城乡的视角来统一规划，实现其全覆盖，助推农民自身的发展。一是政府不仅要加大财政投入，而且要通过多种方式拓展资金来源，筹建更多资金，提高保障水平。二是政府要充分利用社会组织、企业等多方的力量，在保证基础性社会保障体系实现的基础上，采取有效措施，丰富和完善农村社会保障体系的内容，实现农民社会保障真正意义上的"全覆盖"。

（四）加大农村医疗卫生的投入

2018 年中央一号文件《中共中央 国务院关于实施乡村振兴战略的意见》明确指出，要强化农村公共卫生服务，加强基层医疗卫生服务体系建设，支持乡镇卫生院和村卫生室改善卫生和服务条件，全面提升农村医疗卫生公共服务水平，加快推进城乡基本公共服务均等化。这表明中央政府对农村医疗卫生公共服务高度重视，因为农村医疗卫生问题是乡村振兴战略的关键一环，直接关系到广大农民的健康水平，直接影响着农民的获得感和幸福感。而完善的农村医疗体系，能够减轻农民就医的经济负担，间接促进农民收入的增加。随着经济的快速发展和农民生活水平的不断提高，农民对乡村医疗机构的服务质量要求越来越高，而现有的医疗卫生服务已不能全面满足农民的需求。要改变这一现状，政府要加大农村医疗卫生的投入，改善农村医疗设施条件，提高乡村医生业务素质，加强农村医疗服务队伍建设，提高农村医疗服务水平。同时，进一步完善经费保障机制和多层次农村医疗保障体系，确保全体农民充分享受农村医疗保障的实惠，提高农民生活的幸福感。

二、提高农村公共产品的供给质量

（一）提高农村义务教育的供给质量

在农村义务教育供给方面，不仅要考虑其供给数量，而且还更需要考虑其质量，确保农村义务教育走高质量发展路径。一是推进农村义务教育标准化。农村中小学课程要全部开展，并保证每个同学都可以进入该课程学习，使素质教育在农村落地，同时，完善农村中小学的办学条件，力争使农村义务教育阶段学校办学条件尽可能达到标准化。义务教育标准化是促进农村义务教育发展的重要抓手，它会推动农村教育向城市看齐，促使城乡二者之间存在的教育差距更快地缩小，农村义务教育面临的困境解决起来也会变得更容易。二是提高农村中小学教师的专业能力。教师对于农村义务教育质量提升而言是非常重要的一部分，也是其中的基础部分，对农村义务教育质量提升而言具有实质性的作用。因此，要加强师生之间的交流，打破传统教师与学生之间的隔阂，让学生和教师之间能够实现良好的交流和互动；① 强化教师的教学教研能力，完善教师的培训工作，不仅能提高教师自身的专业教学水平，还能促进教学效果的大大提升，对农村义务教育质量的整体提升提供了有效帮助。

（二）提高农村医疗卫生的供给质量

中共中央、国务院 2018 年 1 月 2 日颁发的《中共中央 国务院关于实施乡村振兴战略的意见》明确提出，把农业农村优先发展原则体现到各个方面，推进健康乡村建设。目前，尽管我国农村医疗卫生事业取得了巨大成就，但因农村医疗卫生领域长期存在短板，城乡间、地区间仍然存在较大差距，难以满足健康农村需求。因此，要围绕重点，逐个突破，实现农村医疗卫生的高质量供给。一是提高农村地区医务人员的资质水平。我国广大农村地区医疗卫生人员在数量上越来越充足，但高素质的医务人员还很短缺，政府部门应出台相关的优惠政策，引导高层次、高水平医务人员向农村转移。二是完善农村医疗设备。农村医疗设备普遍短缺落后，要不断引进先进的现代医疗新设备，完善农村的医疗设施，提高农村的医疗水平，让农民能够享受到先进的现代医疗成果。三是统筹城乡医疗卫生发展，在城乡接合部建立医疗机构，将城市高水平的医疗服务输送到农村地区，为农民健康发展提供

---

① 吴燕. 江西进贤农村义务教育质量研究［D］. 南昌：南昌大学，2018.

基础保障。四是健全医保体系。农村已建立起低水平、广覆盖、可持续的基本医疗保险体系，但总体来看对大病、重病的保障能力还是不足。要加大各级财政对农村医保支出的投入，扩大农村医保的范围，要丰富医保形式，满足日益增长的高质量医疗服务的需求，在空间与人员等方面实现"纵到底、横到边"全覆盖。

（三）提高农村社会保障的供给质量

党的十九大报告提出"全面建成覆盖全民、城乡统筹、权责清晰、保障适度、可持续的多层次社会保障体系""尽快实现养老保险全国统筹"的社会保障体系建设目标。在农村社会保障供给方面，在"全覆盖、保基本、可持续"的养老原则基础上，不断增强和完善农村养老制度，充分发挥农村养老保险对保障社会民生及提高农民生活水平的重要作用。一是要制定科学的养老金支付方式。完善养老金基础账户支付和个人账户支付相结合，同时还要建立缴费金额、缴费年限与支付金额挂钩的管理机制，形成农村基础养老金以经济社会发展水平为参考标准的正常调整机制。二是要健全养老金支付的网络服务。完善养老金支付相关网络服务，健全养老金支付的相关制度，提高其服务水平。三是要建立科学的医疗保障标准。在保基本、托底线这两大基本原则下，结合我国实际国情，在设定医疗保障制度时要考虑经济社会发展情况、农民负担能力、医保基金所能承受的水平等因素，这样才能保证医疗保障发展的可持续性。四是要合理地进行统筹。将医保、大病保险、商业健康保险以及医疗救助等制度相互衔接，增强农村医疗保障制度的协调性，确保广大农民在医疗方面实现应保尽保。

（四）提高农村基础设施的供给质量

全面推进乡村振兴、加快农业农村现代化离不开农村基础设施的建设，农村基础设施作为实现乡村振兴的先行资本，在农业农村发展中起到举足轻重的作用。粮食产量的提高、农民生活质量的提升以及农业科技的进步都离不开完善的农村基础设施。农村基础设施要围绕高质量发展来建设，一是要由总量规模偏好转向提质增效，由过去强调总量扩张转向结构优化，强调有效供给。二是要由生产要素投入偏好转向创新驱动，由过去主要依靠资本、人力等生产要素的投入，转移到全面提升基础设施配置效率质量上来。三是加强新型基础设施的建设。推进新型基础设施的建设，加强资源整合与衔接协调，推动存量基础设施改造升级。在农村基础设施建设中，要加大产业融合的发展，大力推动城乡基础设施互联互通。加快农村地区宽带网络和第四代移动通信网络覆盖步伐，开发适应"三农"特点的信息技术、产品、应用和服务，推动远程医疗、远程教育等应用普及，弥合城乡数字鸿沟，提升乡村数字化治理效能。

第二节　优化农村公共产品的供给结构

当前，我国农村公共产品供给依然存在总量不足、供给结构失衡等问题，而农村公共产品供给结构失衡会导致其配置效率低下，进而会影响其供给的效率。这就需要对农村公共产品供给结构进行优化，使其供给效率得到进一步的提升。

一、合理安排财政资金支出

在财政资金总量既定的情况下，要统筹好农村公共产品供给和"三农"其他领域的资金投放。由于农村公共产品供给所产生的作用需要一段时间才能显现出来，政府在安排财政资金支出时，要确保其稳定投入。按照"先生存后享受、先生活后生产"的原则，将财政资金在各类农村公共产品之间及其内部按照合理比例进行分配。以农村义务教育为例，要改善政府资金在农村义务教育不同阶段的投入分配比例，要避免县镇中学资金的过多投入，加大农村小学资金投入比例，改善农村小学的办学条件，让每一个农村孩子都能够有机会接受良好的教育。

二、农村公共产品供给需要考虑地区差异

由于我国农村不同地区之间经济社会发展水平不同，对农村公共产品的需求也存在较大差异。根据农村各地区的实际情况，在提供农村公共产品时，要结合农村各地区的实际情况，充分考虑地区差异。以农村义务教育为例，由于贫困地区和民族地区的农村教育供给十分匮乏，在教育经费、教学资源配备等方面都应该优先考虑，实现基本的教学条件，保证这些地区所有适龄儿童都能够接受义务教育，而对于北京、上海等发达地区的农村，更需要现代化的教学设备以及高水平的师资力量。此外一些农业大省而言，更需要农业生产性基础设施，农业生产性基础设施供给能够改善农业生产环境，实现增产增收，促进农民收入的提高。因此，充分考虑地区间的差异才能准确提供农村公共产品，实现资源合理配置，促进农村公共产品供给结构的优化。

三、建立和完善农村公共产品需求表达机制

目前我国农村公共产品大多采用"自上而下"的供给决策机制，即根据国家需求，对公共产品供给模式和结构进行选择。这种供给机制忽略了农民对公共产品的需求，导致现行农村公共产品供给出现过剩与不足并存的现象。为了防止农村公共产品的无效过度供给以及农民急需的公共产品供给不足，保证农村公共产品的有效供给以及提高其供给效率，就需要创新供给决策机制，建立一种能够准确反映农民需求的表述机制，在尊重大多数农民意愿的基础上，鼓励农民参与到农村公共产品的决策制定与执行过程中，形成政府与农民共同决策模式。这样，政府作出的农村公共产品供给决策也就更加合理，提供的公共产品也就更符合农民的需求，提供的公共产品也能更好地保障农民的利益，更好地为农村经济发展、农民增收助力。

第三节　相关配套政策

农村私人产品对公共产品具有很强的依赖性，这也就决定了农村经济发展、农民收入的提高也有赖于农村公共产品的有效供给。农村公共产品供给的缺失减少了农民利用城市经济创造新财富的机会，是造成农民增收缓慢的主要原因。为此，我们必须加大对农村公共产品的有效供给。为了提高农村公共产品供给效率，不仅要考虑其供给总量、质量、结构，而且还要完善其相关的配套政策。

一、健全农村公共产品供给的法律法规

农民作为农村公共产品最大的消费者，由于其自身的分散性和局限性，导致农民在公共产品资源分配系统中处于弱势群体地位，往往无法实行自我保护。这就需要法律法规的介入，只有使农村公共产品供给制度化、法律化、规范化，才能保障农村公共产品的有序供给，才能进一步切实保障农民的自身利益。完善的法律法规不仅是确保农村公共产品有效供给的必然手段，而且能够提高农村公共产品供给的合理性和时效性。因此，在认真贯彻国家已有的相关法律法规的基础上，应对《农村最低生活保障制度》等旧的法律法规进行修改和不断完善，增加城乡公共产品供给一体化内容，通过各种法律法规来规范农村公共产品的供给行为，稳定农村公共产品的供需关系，为农村公共产品的有效供给提供法律保障和支撑，确保农民公平享受农村公共产品的权益得到法律的保护，使农民对农村公共产品的现实需求得到满足。

二、创新农村公共产品的供给体系

农村公共产品是农民生存和发展的基础，直接关系到农民的收入水平，

进而会影响乡村振兴建设的进程。长期以来，我国形成了城乡相对独立的公共产品供给体系，导致农村公共产品从数量、质量以及结构上都劣于城市。因此，创新农村公共产品供给体系也就成为农村发展的迫切任务。为了更好地实现农村公共产品的有效供给，要按照乡村振兴发展的要求，建立责任明确、决策科学、监督有力并且能够涵盖政府、社会、市场力量的综合供给体系。只有这样，才能改变农业的生产条件，提高农民收入水平，推动新时代乡村经济的持续发展。

三、完善农村公共产品供给的激励和监督机制

农村公共产品除了具有公共产品所具有的非排他性、非竞争性特征之外，还有多样性、基础性等自身的特征。私人从事生产活动其目的是实现其利益的最大化，但由于公共产品自身所具有的特性以及"搭便车"情况的存在，私人不愿意提供公共产品，结果导致公共产品的供给较少，远远不能满足农民的需求。如何有效解决这一问题，那就需要在农村公共产品供给领域建立激励机制。在中央、地方、乡镇不同的层级，可以建立不同的激励机制。中央可以制定奖励政策，对取得显著成绩的地方政府予以奖励，乡镇政府可以运用各种优惠政策等激励措施激发村民积极参与农村公共产品的供给，同时还可以对激励机制的内容从激励的方式、激励范围等方面不断地完善，更好地确保农村公共产品供给能够满足农民的需求。由于农村公共产品提供的部门比较多，时常会出现农村公共产品供给资金重复、交叉等现象。为了防止公共产品被挪用、占有，以及防范出现贪污、腐败现象，要建立健全农村公共产品供给的监督机制，积极动员政府机关、广大农民、社会舆论等社会力量，通过社会监督规范农村公共产品的供给，提高农村公共产品供给的效率及质量。

四、完善农村公共产品供给的转移支付制度

政府转移支付是指政府无偿地支付给个人以增加其收入和购买力的费

用。它是收入再分配的一种形式，在体现社会公平、促进社会和谐和保障社会安定上的作用不可替代。完善政府财政转移支付方式，就是要明确各级政府的行政权力、财政权力、财政资源三者之间的关系，为农村公共产品有效供给提供充足的资金支持。在明确各级政府财政转移支付责任之后，还要进一步规范转移支付资金的利用效率，健全转移支付资金的管理机制。还要充分考虑我国地区之间、城乡之间的差异，不断完善财政转移支付。具体来说主要有以下三点。一是要加大西部地区财政转移支付的比重。我国东部地区经济发展好，要带动西部发展，遵从"全国一盘棋"综合考虑。二是要加大对边远贫困农村的投入比重。通过重点支持农村基础设施建设和教育投资，改善当地的经济发展和群众的精神面貌，有助于乡村振兴战略目标的实现。三是要把教育、医疗和社会保障作为重点，这三方面不仅关系到农民的根本福祉以及农民的"获得感"，而且也关系到社会的稳定和可持续发展，更是实现中国梦的基础和保证。

参考文献

［1］［英］亚当·斯密. 国民财富的性质和原因的研究［M］. 北京：商务印书馆，2003.

［2］《中共中央关于制定国民经济和社会发展第十四个五年规划和二〇三五年远景目标的建议》辅导读本［M］. 北京：人民出版社，2020.

［3］别喧. 我国公共投资最优规模分析［D］. 武汉：华中科技大学，2010.

［4］柴葳. 从吃上吃饱到吃香吃好［N］. 中国教育报. 2016 - 04 - 26.

［5］陈城. 我国农村社会保障体系存在的问题及完善策略［J］. 农村经济与科技，2017（3）：198 - 200.

［6］陈东. 农村公共品供给对农民增收影响的实证研究［J］. 学习与探索，2008（3）：149 - 152.

［7］陈杰，刘彦朝，姚裕萍. 农村公共产品供给体制（机制）创新［J］. 华东经济管理，2003（5）：29 - 32.

［8］陈齐鹤. 农民增收影响因素及对策研究［D］. 杭州：浙江理工大学，2016.

［9］陈强. 高级计量经济学及 Stata 应用［M］. 北京：高等教育出版社，2016.

［10］陈薇琼. 乡村振兴战略背景下农村基础设施建设的现状与对策［J］. 山西能源学院学报，2021（3）：73 - 75.

［11］陈锡文．中国县乡财政与农民增收问题研究［M］．太原：山西经济出版社，2002．

［12］陈欣怡．我国农村社会保障制度运行效率评价研究［D］．长沙：湖南农业大学，2019．

［13］戴钧．改革开放以来我国农民收入问题研究［D］．太原：山西财经大学，2011．

［14］邓研华．农村基础设施建设：现实问题与治理对策［J］．农村经济与科技，2020（24）：239 - 240．

［15］邓有高，王为民．略论我国农村公共品的政府供给［J］．农村经济，2003（10）：15 - 17．

［16］窦超峰．基于空间相关性的省际信息化对经济增长的贡献研究［D］．哈尔滨：哈尔滨工业大学，2018．

［17］邸焕双．农村社区公共产品供给存在的问题及对策［J］．经济纵横，2014（8）：61 - 64．

［18］刁海娜．黑龙江省农村公共产品供给对农民收入的影响研究［D］．大庆：黑龙江八一农垦大学，2014．

［19］都秀，周楠．建立健全农村公共财政体制的新思考［J］．东北财经大学学报，2008（4）：58 - 61．

［20］杜华章．城市化进程对农民收入及结构的影响分析——以江苏省为例［J］．山西农业大学学报（社会科学版），2011（11）：1116 - 1122．

［21］樊崇贤．制约农民收入增长的因素及促进对策［J］．农村经济与科技，2015（12）：116 - 117．

［22］方栋，李宗洙．浅析农民增收的现状和对策［J］．农村经济与科技，2016（15）：121 - 122．

［23］方福前．公共选择理论——政治的经济学［M］．北京：中国人民大学出版社，2000．

［24］傅秀林．促进农民增收的意义及其战略措施［J］．农业与技术，2004（6）：1 - 3．

［25］高鸿业．西方经济学［M］．北京：中国人民大学出版社，2015．

［26］龚福林．浅谈我国农村社会保障存在的问题与应对策略［J］．经贸实践，2017（2）：106.

［27］郭楚月，曾福生．农村基础设施影响农业高质量发展的机理与效应分析［J］．农业现代化研究，2021（6）：1017－1025.

［28］郭红仙．我国农民增收问题研究［D］．大连：辽宁师范大学，2010.

［29］郭露阳，马健生．美国《国家学校午餐法》资格认定及启示［J］．辽东学院学报（社会科学版），2020（1）：129－136.

［30］郭顺．宁夏乡村振兴评价体系构建及实践研究［D］．银川：北方民族大学，2020.

［31］郭赞．乡村振兴背景下农村社会保障问题审视及解决途径［J］．农业经济，2020（10）：67－68.

［32］国家医保局．2018年以来医保扶贫政策减轻医疗负担近3300亿元［J］．中华医学信息导报，2020（22）：14.

［33］韩鹏，马萌．全面建成小康社会背景下我国农村社会养老保障研究［J］．财经理论研究，2021（3）：47－54.

［34］胡宝珠，杜晓．农村公共产品供给不足的原因及对策［J］．云南社会科学，2004（4）：14－17.

［35］黄耀明．习近平新时代乡村振兴战略思想述论［J］．闽南师范大学学报（哲学社会科学版），2019（4）：1－6.

［36］霍忻．农村公共物品供给收入效应的实证分析［J］．西北农林科技大学学报（社会科学版），2016（4）：108－115.

［37］季娜．农村基础设施建设现状分析研究［J］．经济研究导刊，2017（24）：21－25，29.

［38］江娅．安徽省农村公共产品供给制度障碍及创新研究［D］．合肥：合肥工业大学，2009.

［39］姜长云，李俊茹，王一杰，等．近年来我国农民收入增长的特点、问题与未来选择［J］．南京农业大学学报（社会科学版），2021（3）：1－21.

［40］姜竹，宁丽辉．我国农村公共品体制外供给的理性分析［J］．学术交流，2008（1）：81－84.

［41］赖三策．中国农民收入变化中存在的问题、原因及对策［J］．西南民族大学学报（人文社科版），2003（12）：366－368．

［42］冷哲，黄佳民，仲昭朋．我国农村公共产品供给效率区域差异研究［J］．农业技术经济，2016（5）：80－91．

［43］李丁，孙红霞．习近平关于乡村振兴战略重要论述的四重理性及实践要求［J］．广西社会科学，2019（8）：13－17．

［44］李慧玲．交通运输业对区域经济增长的空间溢出研究［D］．北京：中央财经大学，2018．

［45］李宁，傅凯．关于对农村留守儿童道德教育的对策研究——以济宁市农村为例［J］．教育现代化，2017（52）：288－291．

［46］李文．论促进农民增加收入的意义与对策［J］．理论界，2004（5）：5．

［47］李鑫．西部交通基础设施的空间溢出效应研究［D］．重庆：重庆工商大学，2015．

［48］李燕凌，李立清．中国农村公共服务现状分析与政策建议［J］．湖南农业大学学报（社会科学版），2005（5）：1－5．

［49］李莹英．基于空间计量模型的河南省区域旅游经济空间溢出效应研究［D］．上海：上海师范大学，2019．

［50］李岳峰，刘汶．论我国农业现代化与农业机械化的内涵及基本特征［J］．农业现代化研究，2008（5）：518－521．

［51］廖红丰，尹效良．国外农村公共产品供给的经验借鉴与启示［J］．广东农业科学，2006（4）：97－100．

［52］林建．乡村振兴战略下我国农村医疗卫生服务供需矛盾分析［J］．中国卫生经济，2020（12）：9－12．

［53］刘鸿渊．农村公共产品供给不足的原因与重构［J］．商业研究，2005（2）：178－181，21．

［54］刘华娟．中国农村公共产品供给对农民收入的影响研究［D］．沈阳：辽宁大学，2021．

［55］刘书宜．我国农民收入现状、问题及其对策探析［J］．现代化农

业，2018（3）：3-4.

［56］刘易．辽宁省农村公共产品供给对农民收入影响研究［D］．沈阳：辽宁大学，2012.

［57］龙健．农村社会保障制度对农民收入影响研究［D］．湘潭：湘潭大学，2014.

［58］陆灿．农村公共产品供给存在的问题及对策研究［D］．湘潭：湘潭大学，2017.

［59］陆程程．农民收入与农民素质的相关性研究［D］．天津：天津理工大学，2013.

［60］陆智强，李红玉．居民家庭负债对消费的影响：财富效应抑或财富幻觉——基于城乡居民家庭的对比分析［J］．中国软科学，2021（5）：70-78.

［61］罗丹，李文明，刘红岩．提高粮食和重要农产品供给保障能力［N］．农民日报，2021-03-02.

［62］农业农村部市场与信息化司编制．中国数字乡村发展报告（2020年）［EB/OL］．http：//www.moa.gov.cn/xw/zwdt/202011/t20201128_6357205.htm.

［63］农业农村部新闻办公室．"十三五"期间农民收入持续较快增长［J］．山西农经，2021（6）：5.

［64］蒲艳萍，余尊宝．西部农村居民工资性收入：区域内部差异及其影响因素［J］．重庆大学学报（社会科学版），2012，18（6）：19-23.

［65］钱雪亚，张小蒂．农村人力资本积累及其收益特征［J］．中国农村经济，2000（3）：25-31.

［66］秦小迪．农村基础设施对包容性绿色增长的影响研究［D］．武汉：中南财经政法大学，2020.

［67］佘颖．算算教育经费的两笔账［N］．经济日报，2018-07-01.

［68］石小春．区域专业化视角下静宁县农户农业组织化问题研究［D］．兰州：甘肃农业大学，2021.

［69］舒尔茨．改造传统农业［M］．北京：商务印书馆，2006：33.

［70］宋佳．河南省农村公共产品供给问题研究［D］．昆明：云南师范

大学，2019．

[71] 苏超，程晓倩．中国西部地区农村基础设施建设水平研究 [J]．湖北农业科学，2016（11）：2964－2967．

[72] 汤芬芬．从"谷贱伤农"到"水果自由" [D]．舟山：浙江海洋大学，2020．

[73] 唐瑾．尽快建立"实施农村中小学营养改善计划配套经费投入机制" [J]．湖北政协，2017（3）：10－11．

[74] 唐娟莉．中国省域农村公共品供给水平测度与比较 [J]．湖南农业大学学报（社会科学版），2015（5）：82－89．

[75] 唐任伍．新时代乡村振兴战略的实施路径及策略 [J]．人民论坛·学术前沿，2018（3）：26－33．

[76] 王保民．安阳市现代城镇体系的构建研究 [D]．郑州：河南农业大学，2010．

[77] 王建聪．辽宁农村基本医疗卫生保障问题研究 [J]．吉林工商学院学报，2015（1）：71－75．

[78] 王小宁．农村公共物品供给制度变迁的路径依赖与创新 [J]．中国行政管理，2005（7）：74－77．

[79] 王晓毅．补齐"三农"短板决胜全面建成小康社会 [J]．人民论坛，2020（8）：43－45．

[80] 王一斐．物流业高质量发展评价研究 [D]．郑州：河南工业大学，2020．

[81] 王祎．家庭典范与媒介呈现——对《爸爸回来了》的分析 [J]．视听，2014（7）：15－17．

[82] 王怡，等．能源行业决战决胜脱贫攻坚成效显著 [N]．中国电力报，2020－10－20．

[83] 王永莲．我国农村公共产品供给机制研究 [D]．西安：西北大学，2009．

[84] 王禹蓉．一步一个脚印　信息通信行业用心"讲好"扶贫故事 [J]．通信世界，2020（28）：6－7．

［85］韦宁卫，李萍，唐元平. 乡村振兴战略视角下我国"三农"问题面临的新挑战与体制机制构建［J］. 改革与战略，2020（10）：103 – 114.

［86］吴霓. 发挥中国制度优势　不让一个孩子掉队——党的十八大以来"义务教育有保障"的政策举措及成效［J］. 人民教育，2020（12）：13 – 19.

［87］吴云勇. "十二五"期间中国农民持续增收的路径选择研究［M］. 北京：中国社会科学出版社，2016.

［88］习近平. 决胜全面建成小康社会 夺取新时代中国特色社会主义伟大胜利——在中国共产党第十九次全国代表大会上的报告［M］. 北京：人民出版社，2017.

［89］肖桐，邬志辉. 中国农村义务教育生均经费投入的均衡现状研究——基于2005 ~ 2014 年全国31 省的面板数据［J］. 教育理论与实践，2018（28）：22 – 27.

［90］熊亮华. 发挥制度优势开启全面建设社会主义现代化国家新征程［J］. 当代世界与社会主义，2020（6）：15 – 22.

［91］薛一飞. 东北"粮仓"农业现代化的路径探索［J］. 华南农业大学学报（社会科学版），2011（1）：1 – 8.

［92］阳欢，李峰. 农村劳动力人均受教育年限与农民收入关系研究——基于江西省1991 ~ 2009 年数据的实证［J］. 职业技术教育，2011（9）：55 – 58.

［93］阳月华. 乡村振兴战略中的乡村文化建设问题研究［J］. 法制博览，2019（28）：247 – 248.

［94］杨剑，刘爱东. 我国农村公共产品的供给现状和制度创新［J］. 兰州学刊，2005（1）：224 – 225，233.

［95］杨可. 乡村振兴视角下农村义务教育优质均衡发展研究［J］. 西昌学院学报（社会科学版），2020（4）：120 – 124.

［96］杨立韵，梁宇聪. 一个传统乡村的振兴之路［N］. 佛山日报，2019 – 03 – 28.

［97］叶文辉. 农村公共产品供给体制的改革和制度创新［J］. 财经研

究，2004（2）：80－88，116.

［98］尹纪梅，潘寄青．天津市农民素质和收入的实证研究［J］．成人教育，2012（4）：18－25.

［99］于淑会．乡村振兴战略背景下农村公共产品供给问题研究［D］.长春：长春工业大学，2021.

［100］余智慧．我国农村金融对农民收入增长的影响分析［D］.沈阳：辽宁大学，2020.

［101］岳成美．农村医疗卫生服务保障有效供给研究［J］.市场论坛，2016（12）：7－9.

［102］曾祥亮，安蒙龙，王大庆．基于全国两会看黑龙江垦区农业发展方向［J］.农场经济管理，2018（5）：3－5.

［103］张刚．我国农村医疗卫生事业存在的问题及对策［J］.安徽农业科学，2007（22）：6958－6959.

［104］张娇．我国"乡村振兴战略"的理论与实践研究［D］.西安：西安工业大学，2019.

［105］张强．第三届中国国际生物质能源展览会暨沼气产业化论坛成功举办［J］.农业工程，2012（5）：87－88.

［106］张蕊．光伏扶贫惠及415万贫困户 每年可产生发电收益约180亿［R］.每日经济新闻，2021－01－26.

［107］张胜，王斯敏，蒋新军．防止疫情蔓延 如何补上农村环境这块"短板"［N］.光明日报，2020－02－10.

［108］张淑英，刘朝臣．农民工资收入与受教育程度关系研究［J］.科技与经济，2009（5）：51－54

［109］张学升．乡村产业振兴视角下农村公共产品有效供给研究［D］.北京：中国财政科学研究院，2019.

［110］张雪绸．新时代陕西农村义务教育发展问题研究［J］.西安财经学院学报，2018（5）：69－72.

［111］赵承，董峻，于文静．以全面推进乡村振兴促进中华民族伟大复兴［J］.湖南农业，2021（5）：10－11.

［112］赵子健. 乡村振兴战略下河北省农民素质提升研究［D］. 保定：河北农业大学，2021.

［113］中共中央 国务院关于实施乡村振兴战略的意见［EB/OL］. 中国农业新闻网，http：//www. farmer. com. cn/zt2018/1hao/wjqw/201802/t20180204_1354954. htm,20018－02－04.

［114］朱识义. 公共财政：统筹城乡公共产品供给的基本路径［J］. 商业时代，2010（10）：88－89.

［115］François Bavaud. Models for Spatial Weights：A Systematic Look ［J］. Geographical Analysis，1998（2）：153－171.

［116］Johnson，D Gale. Comparability of Labor Capacities for Farm and Nonfarm Labor ［J］. The American Economist，1953（3）：296－313.

［117］LUCAnselin，L. Under the Hood Issues in the Specification and Interpretation of Spatial Regression models［J］. Agricultural Economics，2002（27）：247－267.

［118］Marlon G. Boarnet. Spillovers and the Locational Effects of Public Infrastructure ［J］. Journal of Regional Science，1998（3）：381－400.